He escuchado la ira y los lamentos de los esclavos, y he visto sus lágrimas. Daré hasta la última gota de mi sangre para liberarlos.

Harriet Tubman

Freedom!

*Harriet Tubman
y la red de liberación de esclavos*

Textos de
Jennifer Dalrymple

Ilustraciones de
Justine Brax

EDELVIVES

LA ESCLAVITUD EN ESTADOS UNIDOS

La esclavitud en Estados Unidos arranca en 1619, poco después del asentamiento de los primeros colonos británicos en Virginia, y concluye con la aprobación de la decimotercera enmienda de la Constitución, el 6 de diciembre de 1865. Ocupa, por tanto, casi dos siglos y medio de la historia del país.

Alrededor de doce millones de africanos fueron trasladados a América, a Brasil o a las Antillas británicas y francesas entre 1519 y 1867. Se calcula que unos seiscientos mil recalaron en el territorio que se convertiría en Estados Unidos.

En 1807, el Congreso estadounidense aprobó una ley que prohibía la llegada de nuevos esclavos por vía marítima. Sin embargo, la venta de esclavos continuó en el interior del país y la trata de negros prosiguió al margen de la ley.

Estados Unidos contaba con cuatro millones de esclavos en 1860 —lo que correspondía a un tercio de la población de los estados del sur— y medio millón de «negros libres», la mayoría de los cuales vivían en el norte.

La esclavitud sometía a los hombres, las mujeres y los niños a condiciones de vida terribles. A los esclavos se les infligía un trato inhumano, y, en el caso de que escapasen, sus amos no cejaban en el empeño de perseguirlos y castigarlos de manera cruel, con represalias que iban desde la mutilación hasta la muerte.

La esclavitud fue abolida en Estados Unidos al concluir una guerra civil que causó más de seiscientos cincuenta mil muertos: la guerra de Secesión, que se libró entre abril de 1861 y abril de 1865. Fue el conflicto más mortífero de la historia del país.

A día de hoy, Estados Unidos sigue lidiando con la terrible herencia de su pasado esclavista.

YO, HARRIET

Nací en 1820 o tal vez en 1822. Vine al mundo en Dorchester, en la costa este de Maryland, en Estados Unidos. Nací esclava.

Mi nombre original es Araminta y vi la luz en suelo americano. Mi abuela había llegado de África en un barco negrero. Mis padres también eran esclavos. Esto quiere decir que no teníamos ningún derecho, ninguna libertad, y que debíamos obediencia total a nuestros amos. Nuestra vida consistía en trabajar de sol a sol. Era un trabajo forzado, difícil, agotador, con los amos y los vigilantes siempre al acecho.

Nuestra vida estaba dominada por el miedo: miedo al látigo, miedo a ser vendidos y separados de nuestros padres o de nuestros hijos. Ser esclavos significaba que éramos como objetos, propiedad de nuestros amos, como sus animales o sus muebles. Como no éramos considerados seres humanos, los amos podían hacer con nosotros lo que quisieran.

MARYLAND

Maryland era uno de los estados esclavistas del sur, aunque lo que se conoce como el sur es un territorio enorme. De un estado, de un condado o de un amo a otro, la vida y el trabajo eran completamente distintos. Tal vez pienses que por un lado había gente negra —esclavos— y por otro gente blanca —hombres libres—. Era mucho más complicado. La mayoría de los negros eran esclavos, sí, pero otros eran libres. También había esclavos mestizos de piel más clara, o cuarterones* que eran tan blancos como sus amos.

Y a veces los amos eran los padres de estos esclavos, o sus hermanastros...

LAS PLANTACIONES

Tampoco las plantaciones eran homogéneas. Las más grandes se encontraban en el denominado «sur profundo»: imponentes mansiones rodeadas de campos de algodón, tabaco, caña de azúcar o arroz, con gran número de esclavos que trabajaban sin descanso en medio del calor y la humedad. Donde yo vivía, en Maryland, las plantaciones eran más pequeñas y había granjas con diferentes cultivos. Trabajábamos en los campos, talábamos madera, cuidábamos de los animales, y muchas esclavas se ocupaban de las labores de la casa y tejían.

Algunos amos, una vez que terminaba nuestra tarea, nos permitían trabajar por nuestra cuenta, cultivar un huerto, vender nuestras verduras o alquilar nuestros servicios a cambio de un salario. No era mucho, pero sí suficiente para comprar pequeñas cosas.

---

* El término «cuarterón» designa a los mestizos que tienen un cuarto de ascendencia negra y tres cuartos de ascendencia blanca.

Ella se llamaba Harriet

Mi madre era cocinera en la casa del amo Brodess, y mi padre se encargaba de la madera en otra plantación. Tenían, incluyéndome a mí, once hijos. Pero el amo Brodess ya había vendido a tres de mis hermanas a otras plantaciones para pagar sus deudas. Esto le partió el corazón a mi madre. Tiempo después apareció un comerciante de Georgia con la intención de comprar a Moses*, mi hermano pequeño. Mi madre consiguió esconderlo durante un mes, pero el amo acabó encontrándolo. Ella amenazó con abrirle la cabeza a quien intentase llevarse a Moses, y Brodess acabó por renunciar a la venta. Para nosotros, la familia era la base de nuestra resistencia, nuestra fuerza, la prueba palpable ante los blancos y ante nosotros mismos de que no éramos animales. Por esa razón, para proteger a su familia, mi madre se armó de valor y se rebeló contra nuestro amo. Ella se llamaba Harriet, y el día de mi boda tomé la decisión de adoptar su nombre.

Miss Susan

Cuando apenas era una niña de cinco o seis años, el amo me alquiló a *miss* Susan, en una casa alejada de la mía. Mi trabajo consistía en vigilar a su bebé día y noche para que no llorase y para que ella pudiera dormir. Pero algunas veces me quedaba traspuesta, y cuando eso sucedía, el bebé lloraba. Entonces *miss* Susan se despertaba furiosa. Cogía el látigo y me azotaba en la espalda y en las piernas. Su látigo volaba y restallaba por cualquier minucia, así que me escapé y volví con mis padres.

* Moses es la forma inglesa del nombre Moisés.

Mister Cook

Luego trabajé para mister Cook. Como no era lo suficientemente buena para las tareas domésticas, Cook me hizo trabajar fuera poniendo trampas para castores en el lago. Para colocar las jaulas entre los matorrales, había que caminar por el barro, bajo la lluvia y el frío. Como para Cook yo no valía más que cualquiera de sus perros, me obligó a trabajar incluso con sarampión. Mi madre consiguió convencer una vez más al amo Brodess y él me permitió regresar para que ella me cuidase.

Mi carta hacia la libertad

Crecí cuidando de los animales, trabajando en los campos, talando madera. Siempre a la intemperie, hiciera el tiempo que hiciera. De día y de noche. Aquella infancia me volvió fuerte como un toro y testaruda como una mula. Todo lo que se convertiría en mi carta hacia la libertad lo aprendí en los bosques, en las ciénagas, en medio de la naturaleza salvaje, gracias a los animales, las plantas, las corrientes de agua, las estaciones y las estrellas que brillaban en el cielo durante la noche.

Una cicatriz en mi frente

¿Ves la cicatriz en mi frente? Es la estrella que llevo en mi carne, aunque también hay en ella algo mágico. Tenía doce años. Me habían alquilado a una granja para trillar el trigo y deshojar el maíz. Uno de los esclavos de la granja se había hartado y huyó. Un guardián fue tras él. Yo seguí al guardián. El esclavo entró en una tienda de comestibles y el guardián lo atrapó. Intentaba atarlo para pegarle, pero el otro se escapó por la puerta abierta. Yo me coloqué en el hueco de la puerta, con los brazos estirados, para impedir que el guardián pasase. Entonces él cogió una de esas pesas de plomo de un kilo para pesar el azúcar y la harina y me la arrojó a la cara. La pesa me abrió la cabeza y caí en medio de un charco de sangre. Me tumbaron en un banco y permanecí inconsciente dos días; luego me enviaron de vuelta a los campos, pero como la sangre todavía corría por mi rostro, el amo dijo que no valía ni tres centavos y me devolvió a la casa del amo Brodess.

Del otro lado

Aquel día ocurrió algo mágico, porque sobre mi frente parecía haberse abierto una puerta entre el mundo de aquí y el del otro lado, una puerta que jamás se ha cerrado. Verás, con frecuencia me quedo atrapada en el mundo de los sueños. Me duermo de pie. Luego, cuando me despierto, sigo con lo que estaba haciendo donde lo dejé, ya sea el trabajo o una conversación, como ahora, mientras te cuento esta historia. Sin embargo, a pesar de que parezco dormida, en realidad estoy despierta, en otro sitio. Y cuando estoy en el otro lado a veces vuelo: sobrevuelo los campos de trigo y de maíz, y los granos también revolotean a mi alrededor. Veo gente, mujeres etéreas con sus vestidos blancos que me hacen señales, que me llaman.

Fue así como vi la línea la primera vez; del otro lado de la línea, yo era libre.

EL NORTE Y EL SUR

A comienzos del siglo XIX, solo una parte de Estados Unidos, la mitad este, estaba ocupada por los colonos. Los estados que existían entonces contaban con poblaciones, tradiciones y leyes muy diferentes entre sí. Sin embargo, se unieron con la idea de formar un país fuerte, independiente de los reinos de Francia e Inglaterra.

Al norte

Las tierras del norte son propicias para las pequeñas granjas. Allí hace mucho frío en invierno. Los cuáqueros –también llamados «amigos»–, que estaban entre los primeros colonos, creen en la igualdad de todo ser humano ante los ojos de Dios. Comparten de manera exitosa sus ideas antiesclavistas: son abolicionistas. Por la costa este se expanden grandes ciudades con fábricas y los emigrantes que llegan por millares de Europa aceptan trabajar duramente en ellas como obreros. Es así como despega la economía industrial del norte. Entre 1770 y 1780 varios estados del norte optan por abolir la esclavitud. A la altura 1821, doce de ellos, además de otros vastos territorios, son «libres».

AL SUR

En el sur, por el contrario, las extensas llanuras fértiles, cálidas y húmedas favorecen el cultivo de la tierra: tabaco, caña de azúcar, arroz y, sobre todo, algodón. Escasean las grandes ciudades y apenas hay industria, trenes y vías férreas. El sur sigue siendo esencialmente agrícola. El trabajo en los campos es arduo y los propietarios quieren mano de obra poco exigente. El sur no quiere prescindir de los esclavos, que intentan huir y llegar al norte, donde no hay esclavitud.

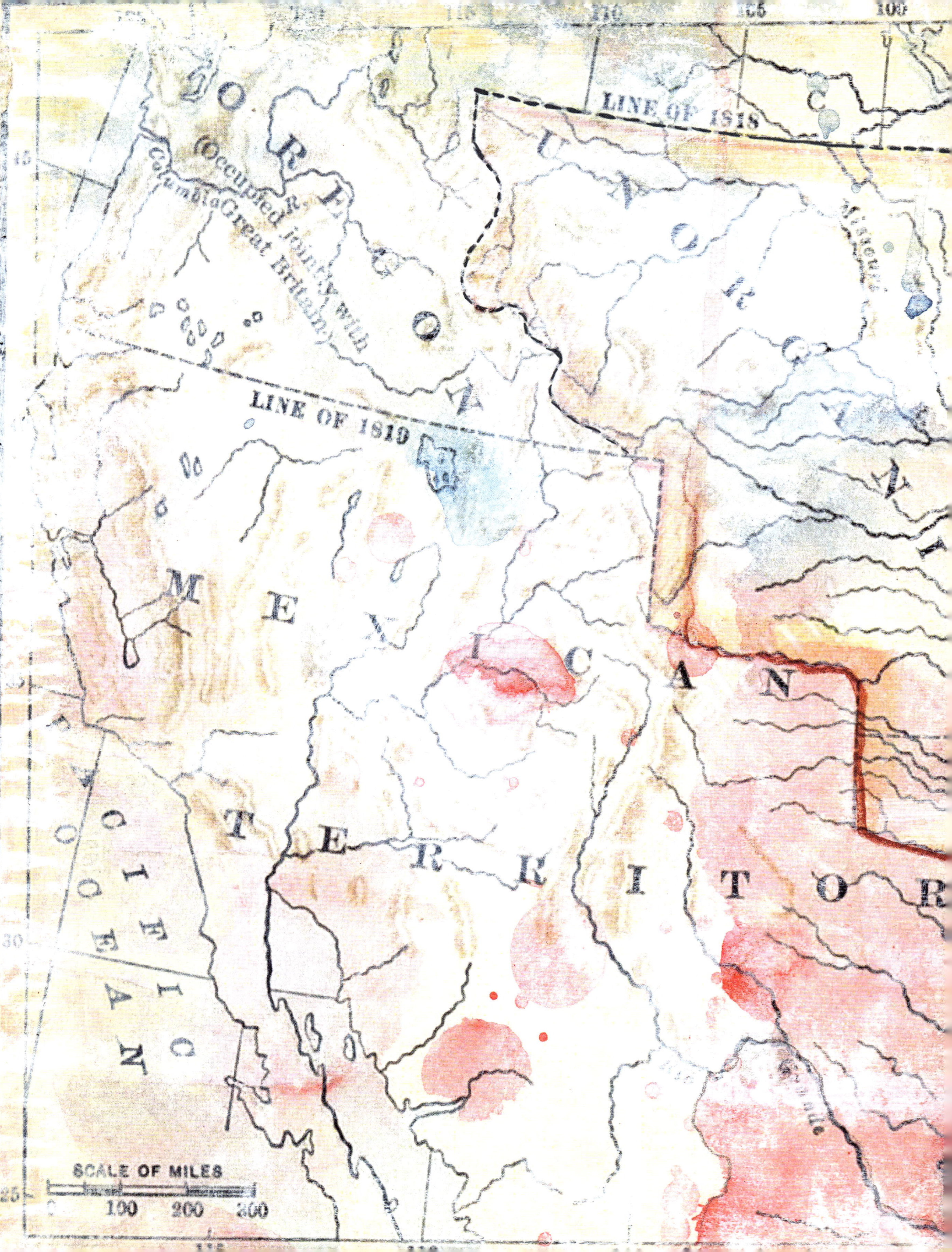
OREGON
(Occupied jointly with Great Britain)
Columbia R.
LINE OF 1818
LINE OF 1819
Missouri
MEXICAN TERRITORY
PACIFIC OCEAN
SCALE OF MILES
0 100 200 300

Mapa de los Estados Unidos en 1830-1850, con la línea Mason-Dixon que separaba los estados libres y los esclavistas.

« El orden natural de las cosas »

Solemos imaginarnos el sur de Estados Unidos cubierto de inmensas plantaciones de algodón donde se afanaban centenares de esclavos. En realidad, el algodón no se cultivaba en todas partes, y en general aquellos que eran propietarios de esclavos solo poseían cinco o menos. De hecho, la mayoría de los blancos sureños no poseían ninguno; si los necesitaban, podían alquilar sus servicios. Una gran parte de los granjeros blancos eran bastante pobres, pero eran libres y tenían derechos, y casi todos aceptaban la esclavitud. La idea de superioridad o «supremacía blanca» estaba arraigada, y los pensadores del sur se esforzaban en demostrar la pertinencia de la esclavitud. Se justificaba citando pasajes de la Biblia y poniendo como ejemplo a la Grecia y la Roma antiguas, donde era común recurrir a ella. El racismo sustentaba esta manera de pensar. Se consideraba que los negros eran, por naturaleza, inferiores a los blancos. Había que esclavizarlos, pues de lo contrario se alteraría «el orden natural de las cosas».

Algo bueno o un mal necesario

Había gente que intentaba demostrar que la esclavitud era buena para los esclavos, ya que sus amos los vestían, los alimentaban y cuidaban de ellos cuando se hacían viejos. Si bien en las plantaciones de las Antillas y de Brasil los esclavos no vivían mucho tiempo, el sistema del sur de Estados Unidos —donde la población importada de África se había cuadruplicado en unas cuantas generaciones— resultaba, comparado con el resto, mucho menos mortífero.

Tanto económica como moralmente, el sur consideraba la esclavitud como algo bueno o, por lo menos, como un mal necesario.

¿Un norte moderno y más ético?

A pesar de que el norte se consideraba más moderno y virtuoso que el sur esclavista, no olvidemos que su revolución industrial se había beneficiado enormemente del trabajo de los esclavos. Era en las fábricas textiles del norte donde el algodón del sur se transformaba en tejido para luego ser vendido en Europa, y los bancos del norte colaboraban con el sistema sin preocuparse demasiado por las plantaciones sureñas.

Los abolicionistas

Los abolicionistas reclamaban el fin de la esclavitud. Se oponían por completo a las ideas de los esclavistas. El término «abolicionismo» puede ser empleado en relación con otras leyes y costumbres que se intentan suprimir, como la pena de muerte.

LA RUTA SECRETA

El amo Brodess murió cuando yo tenía 28 años. Como era de esperar, mis hermanos y yo íbamos a ser vendidos a una plantación más al sur. Nuestra vida en Maryland consistía únicamente en trabajo y sumisión. Nos alimentábamos de gachas y dormíamos en el suelo. Nuestro amo nos alquilaba aquí y allá como si fuéramos bestias de carga. Desde la infancia me acostumbré al látigo y había visto balancearse, ahorcados, los cuerpos de los esclavos rebeldes.

A pesar de ello, sabíamos que en una plantación del sur profundo nuestra vida sería todavía mucho peor: un piso más abajo estaba el infierno.

Me marché sola

Ben, Henry y yo trabajábamos para *Mr.* Thompson. Decidimos huir juntos, pero mis dos hermanos no se atrevieron a llegar lejos. Ben acababa de ser padre, así que regresamos a la casa de *Mr.* Thompson. Mi partida se pospuso. Semanas más tarde volví a marcharme, esta vez sola y con mayor determinación.

La muerte y la libertad

En el cielo nocturno seguía el carro* que me indicaba el norte, me señalaba el camino. Caminar por la noche. Descansar durante el día escondida en un tronco o en un hueco cualquiera. Reemprender el viaje al caer la noche. Caminar. Seguir el carro. ¿Qué me dio esta fuerza? Mi fe, mis sueños. Mi determinación.

Sabía que había dos cosas, solo dos cosas a las que tenía y sigo teniendo derecho: la muerte y la libertad.

La muerte, con total seguridad, vendría a buscarme algún día. Pero la libertad debía conquistarla. Era mi derecho. ¡Mientras estuviera viva, nadie me la arrebataría!

* La Osa Mayor.

Mrs. Whitehall

De Dorchester, en Maryland, hasta la frontera con el norte, recorrí ciento cincuenta kilómetros andando durante la noche y ocultándome durante el día. A lo largo del camino me ayudaron algunas personas. *Mrs.* Whitehall —ahora puedo decir su nombre— fue la primera. *Missis*, me permitiste entrar en tu casa y te diste cuenta de que estaba hambrienta, así que me invitaste a tu mesa. ¡La mesa de una blanca! Llenaste mi plato con la comida que tú comías. Curaste mis pies heridos y sucios. Me ofreciste una cama. Me consideraste una igual. Gracias a ti y a otros como tú llegué al otro lado. ¡La tierra prometida! Era una mujer libre.

El día que crucé la línea

El día que crucé por primera vez, observé mis manos para ver si seguía siendo la misma persona. Todo a mi alrededor me parecía tan... glorioso. El sol se deslizaba como oro entre los árboles y sobre los campos. ¡Creía encontrarme en el paraíso!

Fragmento de la biografía *Harriet, The Moses of Her People* [Harriet, la Moisés de su pueblo], de Sarah H. Bradford, Geo. R. Lockwood & Son, 1886.

UN CANTO PODEROSO

A menudo, cuando teníamos que enviar mensajes antes de huir, utilizábamos canciones. Gran parte de nuestros cánticos procedían de la Biblia. En las plantaciones nadie sabía leer, pero conocíamos bien las historias bíblicas; las contábamos, las cantábamos, las bailábamos. Nos ayudaban a aguantar, nos daban esperanza. Eran nuestro góspel.

AQUEL HOMBRE ERA MOISÉS

Cuando el predicador venía a vernos por la noche, a escondidas, nos contaba la historia de los judíos, esclavos de un faraón en una tierra llamada Egipto. El faraón le había dicho al pueblo judío que podía marcharse, pero incumplió su promesa. Entonces uno de los judíos reunió a su pueblo y dijo: «¡Si deseáis la libertad, tendréis que conquistarla! Partiremos sin el permiso del faraón». Aquel hombre era Moisés y condujo a su pueblo al otro lado del Jordán. A la otra orilla del gran río. Los guio hasta Canaán, la tierra prometida. Nosotros también conquistaríamos nuestra libertad. Cuando el predicador decía «Egipto», sabíamos que era el sur, y cuando decía «faraón», sabíamos que eran nuestros amos. Nuestro Jordán era el río Ohio. Y Canaán era el norte de Estados Unidos y Canadá.

Parto hacia la tierra prometida

Cuando decidí escapar, quise avisar a mi familia y despedirme de ellos sin que *Mr*. Thompson se enterara. Les di la noticia cantando:

Mañana me voy, adiós, adiós, parto hacia el Jordán, parto hacia la tierra prometida, a la otra orilla del Jordán, mañana me voy...

El amo, que estaba muy cerca, me miraba con los ojos como platos. No le gustaba que cantásemos, pero yo cantaba. Los esclavos entendían. Y yo me reía y pensaba: «¡Ja, ja! Crees que somos unos negros estúpidos. Adiós, faraón, me marcho a la tierra prometida».

Mensajes en clave

Nuestros cánticos estaban repletos de mensajes en clave. Algunos significaban: «prepárate para huir» o «espera unos días»; indicaban caminos y peligros, dónde se debía parar y dónde se podían conseguir provisiones.

Con el paso de los años, «Swing Long, Sweet Chariot» se convirtió en mi canción favorita. El «dulce carro» era el Ferrocarril Clandestino, el que yo había tomado sin saber su nombre para llegar al norte, antes de descubrir su red completa en Filadelfia.

Swing low, sweet chariot
Coming for to carry me home
Swing low, sweet chariot
Coming for to carry me home

I looked over Jordan, and what did I see?
Coming for to carry me home
A band of angels coming after me
Coming for to carry me home

If you get there before I do
Coming for to carry me home
Tell all my friends (that) I'm coming too
Coming for to carry me home.

EL FERROCARRIL CLANDESTINO

Filadelfia, 1849. Era libre... Pero no lo era. No podía sentirme libre, ya que mis padres, mis hermanos y mis hermanas seguían en Maryland. ¿Cómo iba a disfrutar de mi libertad mientras mi pueblo permanecía sometido?

Estaba decidida a volver al sur para buscar a mi familia y a todos los que quisieran acompañarme.

La lucha por el fin de la esclavitud

Los amigos que me habían acogido en su casa de Filadelfia me presentaron a William Still. Este hombre impresionante, un negro libre, lideraba la Sociedad contra la Esclavitud de Pensilvania. Sociedad contra la Esclavitud: el nombre tenía algo que me llamaba la atención, aunque menos que otra palabra: abolicionistas. A-bo-li-cio-nis-tas. La paladeaba, la repetía, me llenaba la boca con ella, maravillada por su simple existencia. En la Sociedad conocí a muchas personas que luchaban por el fin de la esclavitud. Me explicaron que desde la llegada de los primeros colonos a América del Norte, y de los primeros barcos negreros, la gente se opuso a tal práctica. Para los menonitas* y los cuáqueros no era algo cristiano, y para los humanistas, ¡simplemente no era humano!

Poco a poco estos abolicionistas consiguieron convencer a otros colonos, y en Vermont, en Pensilvania, en Massachusetts y en varios estados del norte, los esclavos fueron emancipados y sus hijos nacieron libres. Pero quedaban muchos estados que convencer y los abolicionistas seguían luchando por medio de sus escritos y discursos.

---

* Los menonitas, entre los que se encuentran los amish de Pensilvania, son seguidores del menonismo, una rama del protestantismo.

WILLIAM STILL

William Still era hijo de esclavos fugitivos. Consagraba todo su empeño y sus energías a la lucha por la abolición de la esclavitud. Cada vez que un fugitivo pasaba por Filadelfia, William le pedía que le contara su vida y su evasión, y escribía el testimonio para que llegara al mayor número de personas.

UNA VÍA A LA LIBERTAD

Lo que más me alegró fue descubrir que estaba en pleno corazón del Ferrocarril Clandestino o Ferrocarril Subterráneo. El nombre puede engañar: no se trataba de una red de trenes sobre raíles invisibles ni bajo tierra, sino de distintas rutas y personas que se habían organizado para ayudar a huir a los esclavos. Las rutas seguras recibían el nombre de «trayectos». Quienes guiaban a los fugitivos eran los «conductores» y «conductoras». A los fugitivos se los denominaba «pasajeros», «mercancía» o «paquetes». Las «estaciones», con sus «jefes de estación», eran casas en las que uno podía descansar, comer, disponer de ropa limpia, de calzado e incluso a veces de un poco de dinero. En esas estaciones, el Ferrocarril Clandestino volvía a partir, y los pasajeros, guiados por los conductores, continuaban a pie o escondidos en un carro hasta la siguiente estación.

UNA CONDUCTORA MÁS

Todos los que me rodeaban participaban de una manera u otra en la red: difundían ideas, pero también acogían a los fugitivos y los ayudaban a empezar una nueva vida. Muchos de ellos viajaban con regularidad al sur para recoger esclavos y guiarlos hasta el norte. William Still era uno de esos conductores, y no tardó en comprender que yo estaba totalmente decidida a ser como ellos.

APRENDIZAJE

William me mostró los mapas y me enseñó a leerlos. Me explicó que solo conocería a un reducido número de personas que formasen parte de la red, ya que la solidez de la organización residía en mantener el secreto. En un pueblo alguien podía pertenecer a la red sin saber que su vecino también colaboraba. Así, si los detenían, no denunciarían a los demás.

Aprendí que entre las estaciones existía una distancia de entre quince y treinta kilómetros, y que había que ir de una a otra durante la noche. Las estaciones solían ser graneros, bodegas, casuchas aisladas y hasta sótanos de iglesias. William hizo unos dibujos para mostrarme casas que estaban unidas entre sí por pasadizos subterráneos; algunas disponían de puertas secretas.

Mientras los fugitivos descansaban en una estación, el conductor o el jefe de estación tenía que enviar un mensaje a la siguiente parada —William me enseñó los códigos que necesitaba conocer—, y si esta nos enviaba la señal de que podía recibirnos, el grupo se encaminaba hacia allí. Sobre todo, me recomendó que permaneciera siempre alerta. Y fue él quien me enseñó a utilizar un arma. Pero de esto no debían enterarse los cuáqueros, porque no les gustaría.

VUELVO AL SUR

Regresé al sur meses más tarde en busca de mi sobrina Kessiah, su marido y sus dos hijos. Hice el mismo viaje diecinueve veces y me traje a todos mis hermanos y hermanas, excepto a una que murió antes de mi regreso. También fui a buscar a mis padres y a muchos otros. En total, guie a casi trescientos fugitivos.

El día que me convertí en abolicionista

Al cuáquero Levi Coffin se le conoce como el Presidente del Ferrocarril Clandestino:

Tenía 7 años cuando vi en la carretera a un grupo de hombres negros encadenados entre sí. Mi padre se acercó y le preguntó a uno por qué estaba atado. Él dijo que era para impedir que huyese y se reuniera con su mujer y sus hijos. Pensé que si alguien se hubiera llevado a mi padre, nuestra familia quedaría destruida. Ese día me convertí en abolicionista.

Más tarde, cuando ya era un adinerado comerciante, Levi Coffin y su esposa Catherine utilizaron su fortuna para actuar como «jefes de estación» y desafiar a la justicia: «Dado que los fundamentos de la humanidad van en contra de la ley, optamos por ignorar la ley». Levi y Catherine Coffin auxiliaron a más de tres mil trescientos esclavos.

Tomado de la autobiografía *Reminiscences of Levi Coffin, the Reputed President of the Underground Railroad* [Recuerdos de Levi Coffin, respetable Presidente del Ferrocarril Clandestino], Western Tract Society, 1876.

LA RED DE LA ESPERANZA

CAMINANDO COMO SOMBRAS

Si llegaba la hora de partir, había que hacerlo. No había margen de espera por los rezagados. Caminábamos toda la noche: internados en los bosques, siguiendo los cursos de agua, trepando por las colinas... No solo los hombres más fuertes emprendían la huida; también mujeres y niños. Una vez llevé a un bebé, Baby Blue, una niña de apenas unos meses. Su madre había muerto. No es bueno para una esclava ser demasiado guapa. El amo de su plantación la había preferido a su esposa. Esta se lo había hecho pagar a la esclava utilizando el látigo. Era mejor alejar al bebé de aquella lunática.

UN NUDO EN EL ESTÓMAGO

El cansancio, el hambre, los pies ensangrentados por las largas caminatas: los esclavos podíamos soportarlo todo, estábamos acostumbrados. A trabajar sin respiro, a llevar pesadas cargas, a avanzar entre el fango viscoso de las ciénagas; a todo estábamos acostumbrados. Pero nunca te acostumbras al miedo que te pone un nudo en el estómago. Los guardias nos perseguían, sus perros ladraban. Nos quedábamos en silencio, agazapados entre las raíces, y a veces debíamos volver a cruzar las aguas heladas para que se perdiera nuestro rastro. Y esperar, esperar hasta que las voces, los gritos y los ladridos de los perros desapareciesen en la noche.

Una pistola grande

Algunos no soportaban el miedo. Preferían las cadenas y los latigazos antes que el miedo. Querían desandar el camino. Pero no podía ser, de ninguna manera, nadie debía conocer las rutas del Ferrocarril Clandestino. Por eso yo llevaba una pistola, una pistola grande: «Los negros muertos no hablan», les decía. Mi arma apuntaba a sus ojos, y ellos leían en los míos que no vacilaría en usarla. «O continúas con nosotros o mueres».

Nunca perdí ninguna de mis mercancías: todos continuaron y todos llegaron a buen puerto.

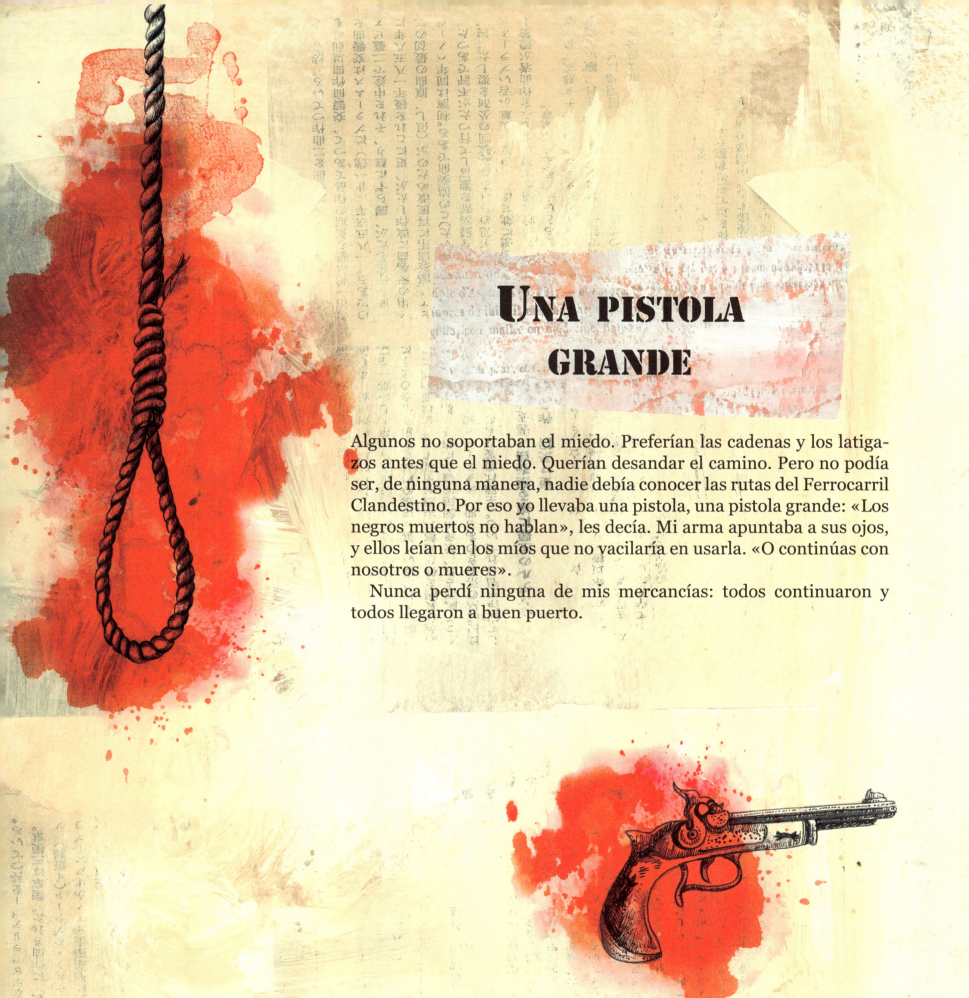

Un himno entre los árboles

En un momento dado, la persecución se vuelve asfixiante y tenaz. Se rastrean los bosques en todas direcciones, se registra cada casa y se interroga a cada transeúnte acerca de un grupo de negros fugitivos que tienen que haber cruzado por este territorio. En ese momento, Harriet conduce un grupo numeroso. Los niños duermen profundamente a causa del opio que se les ha suministrado. El resto de fugitivos permanece alerta. Están escondidos detrás de un árbol y guardan un silencio de muerte. Ha pasado mucho tiempo desde su última comida y el hambre hace que se tambaleen. Cuando los perseguidores parecen haber abandonado aquellos parajes, Harriet decide dirigirse a cierta estación del Ferrocarril Clandestino que conoce bien con el fin de encontrar comida para el grupo.

Se pone en camino al amparo de la noche, dejando en el bosque a los amedrentados fugitivos. Para ellos, el simple estremecimiento de una hoja o el rasguño de un animal son sonidos sobrecogedores que les ponen el corazón en un puño.

¿Por qué tarda tanto? ¿La han atrapado? ¿Se la han llevado? ¿Y si no regresa? ¿Qué sería de ellos? ¡Ah, allí, un sonido! A lo lejos se eleva un himno, llega a los oídos de los hombres y mujeres escondidos entre la vegetación. Entonces saben que su liberación está cerca. Escuchan atentamente cada palabra de la canción, ya que con ellas se les advierte de un peligro o se les informa de que el camino está despejado. Poco a poco, la cantante invisible se aproxima, precedida por las palabras que han sido transportadas por la oscuridad. Su voz es libre y su canto resuena en los demás, ese canto prohibido en el sur que ahora trae regocijo mientras lo entonan juntos:

> Oh go down, Moses
> Way down in Egypt's land
> Tell old Pharaoh
> To let my people go

Entonces se adentra en el bosque, brindando esperanza y consuelo a los ansiosos vigías ocultos. Uno a uno se alejan de la sombra de los árboles y toman alimento y fuerzas para una nueva noche de caminata.

Sarah H. Bradford, *Scenes in the Life of Harriet Tubman* [Episodios de la vida de Harriet Tubman], impreso por W. J. Moses, 1869.

¡LIBERTAD!

Toda la angustia y todo el cansancio se veían recompensados en el instante mágico, al cruzar la frontera, la línea invisible. Cuando los fugitivos podían salir de su escondrijo; cuando, agotados por el largo camino, sus piernas flaqueaban, y entonces yo los miraba y les decía: «¡Ya está, ahora sois libres!».

¡LA INCREÍBLE FUGA DE HENRY «BOX» BROWN!

Con ayuda de amigos, Henry Brown se metió en una caja y se envió por correo con destino a Filadelfia. Disponía de un agujero para respirar, agua y unas cuantas galletas para un viaje que duró veintiséis horas. En una postura muy incómoda, dando vueltas y más vueltas, Henry «Box» Brown viajó en carro, luego en tren, después en barco de vapor y otra vez en carro, tren, ferry y de nuevo en tren para, finalmente, ser entregado en carro en la casa del abolicionista William Still. Al salir de la caja, preguntó: "¿Cómo están ustedes, señores?".

ELLEN Y WILLIAM CRAFT
un engaño prodigioso

¡Al descubierto la audaz fuga de la pareja formada por Ellen y William Craft, que se hicieron pasar por un caballero sureño y su criado!

Ellen era cuarterona, es decir, una mujer casi blanca, pero se vistió de hombre, con un parche en el rostro para camuflarse un poco más y con el brazo vendado para no revelar que no sabía escribir. William, su marido, se convirtió en su criado.

Los dos esclavos fugitivos viajaron en tren y en vapor, siempre en primera clase. El falso aristócrata sureño fue invitado una noche a la mesa del capitán.

Como remate del viaje llegaron a su destino, Filadelfia, la mañana de Navidad.

Mis manos eran mías

Frederick Douglass escapa a territorio libre y llega a la ciudad portuaria de New Bedford:

Cinco días después de mi llegada, me vestí con la ropa sencilla de los obreros y me dirigí a los muelles en busca de trabajo. De camino hacia Union Street me fijé en una gran pila de carbón delante de la casa del reverendo Ephraïm Peabody, el pastor unitario. Me presenté en la puerta de la cocina y pregunté si podía ayudar llevando dentro y colocando todo aquel carbón. «¿Cuánto pide?», me preguntó la mujer. «Lo que a usted le parezca justo, missis». «De acuerdo, cargue ese carbón», respondió. No tardé en cumplir la tarea. Al terminar, la dama me dio dos monedas de medio dólar. Para entender debidamente la emoción que inundó mi corazón cuando mis dedos se cerraron en torno al dinero, al darme cuenta de que ningún amo podría arrebatármelo, de que era lo que se me debía, de que mis manos eran mías y de que podría ganar mucho más que aquellas valiosas monedas, es necesario, en cierto modo, haber sido esclavo.

A Narrative of the Life of Frederick Douglass: An American Slave [Vida de Frederick Douglass, un esclavo americano], Ed. William L. Andrews y William S. McFeely, 1845.

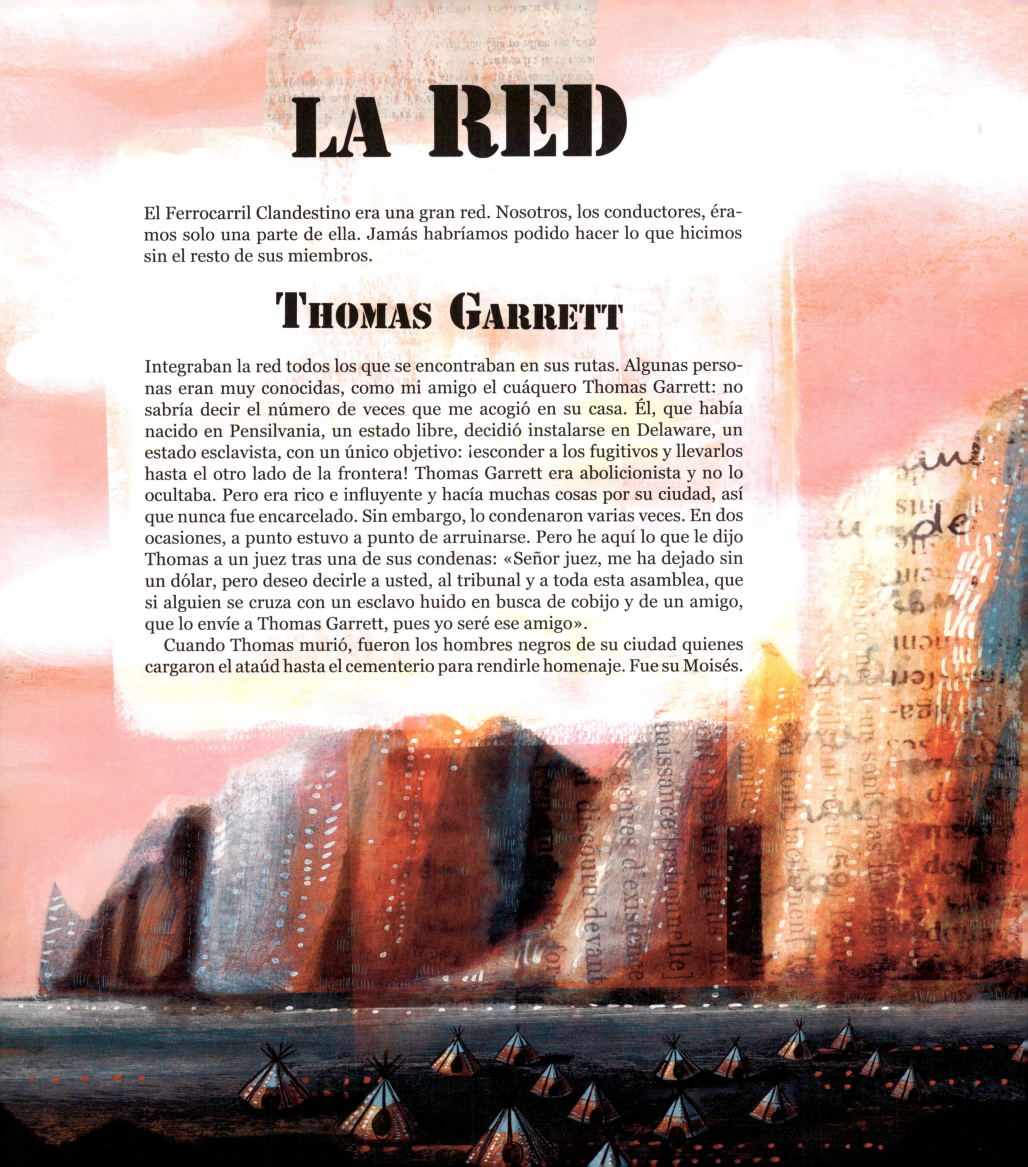

LA RED

El Ferrocarril Clandestino era una gran red. Nosotros, los conductores, éramos solo una parte de ella. Jamás habríamos podido hacer lo que hicimos sin el resto de sus miembros.

Thomas Garrett

Integraban la red todos los que se encontraban en sus rutas. Algunas personas eran muy conocidas, como mi amigo el cuáquero Thomas Garrett: no sabría decir el número de veces que me acogió en su casa. Él, que había nacido en Pensilvania, un estado libre, decidió instalarse en Delaware, un estado esclavista, con un único objetivo: ¡esconder a los fugitivos y llevarlos hasta el otro lado de la frontera! Thomas Garrett era abolicionista y no lo ocultaba. Pero era rico e influyente y hacía muchas cosas por su ciudad, así que nunca fue encarcelado. Sin embargo, lo condenaron varias veces. En dos ocasiones, a punto estuvo a punto de arruinarse. Pero he aquí lo que le dijo Thomas a un juez tras una de sus condenas: «Señor juez, me ha dejado sin un dólar, pero deseo decirle a usted, al tribunal y a toda esta asamblea, que si alguien se cruza con un esclavo huido en busca de cobijo y de un amigo, que lo envíe a Thomas Garrett, pues yo seré ese amigo».

Cuando Thomas murió, fueron los hombres negros de su ciudad quienes cargaron el ataúd hasta el cementerio para rendirle homenaje. Fue su Moisés.

Los negros que nos ayudaban

En la red no solo había cuáqueros y blancos. Muchos negros nacidos libres y antiguos esclavos, como Samuel Green, nos brindaban su ayuda.

Nos ocultaban en sus cabañas y nos daban de comer incluso si no tenían nada para ellos. Decían: «Yo no tengo hambre, ayer comí demasiado. Tome, tome usted. Lo necesitará para proseguir su camino».

No obstante, tampoco hay que pensar que todos los negros nos ayudaban. Una cosa es cierta y es que todos somos iguales, tanto en la bondad como en la maldad. Pero de ellos prefiero no hablar; ya tendrán bastante que discutir con su Creador.

Hermanos y hermanas en la humanidad

Sí quisiera hablar de los campesinos, de los comerciantes de madera y de cerveza que nos escondían en los dobles fondos de sus carretas, en toneles o que se arriesgaban a sentarnos a su lado y nos hacían pasar por sus criados.

Quiero hablar de las mujeres que, en lejanos lugares como Escocia o Inglaterra, recaudaban dinero para contribuir a que fuera a buscar más fugitivos al sur.

Quiero hablar de las tribus de indios —ellos, que han conocido tanto sufrimiento— que protegieron y guiaron a gran cantidad de fugitivos hasta más allá de los grandes lagos.

Quiero hablar de aquella que dejó pan y queso escondidos bajo un plato, que nos ocultó bajo su capa, que lavó nuestras ropas.

Quiero hablar del que se enfrentó a sus vecinos y nos protegió a pesar del riesgo que eso suponía para él y para su familia. Del que escribió una carta, trasmitió un mensaje o grabó señales en el bosque.

Quiero hablar de quien me miró a los ojos y me llamó «amiga».

La red estaba formada por todos esos hombres y mujeres.

Hermanos y hermanas en la humanidad.

El carro de los ladrilleros

Tan pronto como llegó a oídos de Thomas Garrett la condición de aquellas pobres gentes, trazó un plan. Consiguió dos carros, hizo que los llenaran de ladrilleros, a quienes pagó bien por su participación en esta empresa, y los envió al otro lado del puente. Se dirigieron hasta allí alegremente, cantando y bromeando a voces. Los guardias los vieron cruzar el puente. Al anochecer (afortunadamente estaba muy oscuro), retornaron los mismos carros, pero con algunas personas más en el grupo. Los fugitivos estaban en la parte trasera de los carros y los ladrilleros en sus bancos, igual de alborotadores y joviales; de este modo, pasaron ante los guardias, que no sospecharon en absoluto la verdadera naturaleza del cargamento ni el valor de las «mercancías» que entonces se les escurrían entre las manos.

Sarah H. Bradford, *Harriet, The Moses of Her People.*

EL DIARIO DE MARGARET

16 de mayo de 1849

El domingo por la noche oímos llamar a la puerta. No eran golpes fuertes, pero como se repetían, mamá fue a ver si era producto de nuestra imaginación. La oí exclamar: «¡Cielo santo!», y luego regresó a la sala, estupefacta, empujando ante ella a cuatro seres despavoridos, cuatro niños flacos y negros como la noche.

«Pon a calentar agua y vete a buscar la tina», dijo mamá. «Deben de estar hambrientos», repliqué yo. Pero ella insistió y llenamos la tina.

Hizo entrar en el agua caliente, completamente vestidos y calzados, a los dos primeros niños. La suciedad y la sangre se habían adherido a lo que ni siquiera nos atreveríamos a llamar ropa. Sus zapatos también estaban hechos jirones, de modo que los pies, magullados, hinchados, deformes, no consiguieron desprenderse de ellos hasta estar empapados.

Mamá me ordenó traer ropa limpia en la que se envolvieron los tres más pequeños una vez que se desprendieron de aquella costra. El cuarto quiso lavarse solo. Tendría unos 12 o 14 años, no sabría decirlo, pero lo que era seguro es que los pequeños estaban bajo su protección.

No era su hermano mayor. Después de lavarse y de tomar un plato de sopa y un enorme trozo de pan, nos explicó que se había escapado con un grupo de esclavos, entre los cuales estaba la madre de los niños. La mujer había muerto de agotamiento en las ciénagas.

Entonces el chico dijo algo que trastornó todavía más mi vida: sabía que en nuestra casa encontraría ayuda. Había visto el farol tras la ventana, había palpado con los dedos las señales grabadas a lo largo de la puerta. Le habían dicho que las buscara, pues en la casa que tuviera esos signos encontraría amigos.

Mi madre sonrió y le dijo: «Todos somos hermanos y hermanas a los ojos del Señor y aquí podréis descansar antes de continuar hacia el norte. Mi marido os llevará dentro de unos días. Mientras tanto, lo más importante es que no os dejéis ver».

Fue así como descubrí que mis padres ayudaban a los esclavos a huir al norte. Este diario que escribo desde que era pequeña contiene de aquí en adelante el testimonio del calvario y el valor de esas gentes de color, y la grandeza del alma de mis padres.

Diario imaginario de Margaret Crowley, abolicionista.

El camino pasa entre *wigwams*

Mi abuelo me contó la historia de cómo él y su familia escaparon de Kentucky a Ontario en 1830. Su ruta pasaba por el corazón del territorio indio. Me lo relató y yo lo escribí para que no cayese en el olvido:

Nos encontrábamos en un pueblo cercano al Gran Río de Canadá. Fuimos recibidos por personas vestidas con pieles y mantas tejidas. Eran de la tribu ottawa. Nos cedieron una de sus casas para pasar la noche, un wigwam; era como una choza, pero redonda y muy cómoda; nos alimentaron muy bien. Fue nuestra primera noche sin frío ni hambre. Dormimos a pierna suelta y al día siguiente comprendimos que nuestros anfitriones habían velado por nosotros: «Serpientes de dos patas merodean por nuestro poblado...». Los ancianos temían que los cazarrecompensas nos atrapasen, así que decidieron que tres hombres nos acompañaran en canoas hasta el límite de su territorio. Los cazarrecompensas no podían competir con los ottawas, para quienes los cursos fluviales son como sus propias venas. Nos separamos en el estrecho de Mackinac, donde nos confiaron a unos amigos, los ojibwa. De nuevo en canoas, con otros guías, bordeamos el lago Michigan. Luego tuvimos que desembarcar y volver a cruzar una extensión de agua, y allí, por fin, estábamos en Canadá.

Roy E. Finkenbine, *«The Native Americans Who Assisted the Underground Railroad»* [Los nativos americanos que colaboraron con el Ferrocarril Clandestino], artículo publicado en *History News Network* el 15 de septiembre de 2019.

EN LA SOMBRA Y A LA LUZ DEL DÍA

La red era secreta. La ubicación de las estaciones, las rutas que seguíamos, los nombres de quienes nos prestaban ayuda, todo esto era —y debía seguir siendo— secreto. Éramos como sombras en la noche. Pero nunca podríamos haber hecho todo esto sin aquellos que trabajaban a la luz del día, a la vista de todos. Los hombres y las mujeres que hablaban en público.

FREDERICK DOUGLASS

Estoy convencida de que, si bien hacía falta mucho valor para ir a buscar a los fugitivos al sur, tanto más se necesitaba para pensar que era posible cambiar el corazón de la gente. Porque para casi todos los norteños la esclavitud era una idea abstracta que sucedía lejos. Muchos consideraban que era un problema del sur, y, a decir verdad, un número amplísimo pensaba que los negros, en fin..., que tal vez habíamos nacido para ser esclavos.

Por suerte, había oradores muy convincentes, como Frederick Douglass, que por el día acudía a prestar testimonio a las asambleas y por la noche asistía a las cenas. Era infatigable. Se desplazaba a todas las ciudades de los estados del norte e incluso al otro lado del océano, a Inglaterra e Irlanda. ¡Yo lo escuché hablar! Lo hacía de maravilla. Ya fuera ante dos personas o ante un centenar, relataba su infancia como esclavo y la vida de todos aquellos que todavía sufrían. Narraba las brutalidades, los malos tratos, la injusticia, las familias desgarradas, los niños y los adultos vendidos como mercancía. A todos aquellos que quisieran oír su historia, ya fueran obreros pobres o políticos con sus grandes sombreros, les contaba la verdad de la esclavitud. Y la gente escuchaba.

Las puertas se abrieron

Fue así como se abrieron las puertas para los fugitivos y como llegó más ayuda. Fue así como la red del Ferrocarril Clandestino pudo expandirse y consolidarse, y como nosotros, los conductores, pudimos volver, una y otra vez, al sur.

Querida Harriet:

La mayor parte de mi trabajo y de la dedicación a nuestra causa ha sido realizada en público. Tú, sin embargo, trabajaste en secreto. Yo actué a plena luz del día; tú, por la noche. Yo gocé de los aplausos de la multitud, mientras que los únicos testigos de tus actos fueron esos sirvientes de pies desollados, temblorosos y asustados, a los que guiaste lejos de sus vidas de esclavitud. Tu única recompensa fue un «Dios te bendiga», murmurado en un hilo de voz. El cielo nocturno y las estrellas silenciosas fueron testigos de tu heroísmo y de tu sacrificio por la libertad.

Carta de Frederick Douglass del 29 de agosto de 1868. Aparece en *Harriet, The Moses of Her People*.

Las hermanas Grimké

Sarah y Angelina Grimké nacieron y crecieron en Carolina del Sur, donde su padre poseía una plantación con cientos de esclavos. Habrían podido aceptar «el orden de las cosas», pero no lo hicieron. Se rebelaron, partieron al norte y se convirtieron en abolicionistas. Eran mujeres y, en esa época, se esperaba que permaneciesen en la sombra y en silencio. Subieron al estrado y hablaron. Estas dos mujeres privilegiadas del sur esclavista desafiaron todas las convenciones y lanzaron un llamamiento dirigido a las demás mujeres sureñas para que siguieran los dictados de su conciencia y de la fe cristiana y liberasen a sus esclavos.

Sojourner Truth

Militante abolicionista afroamericana, antigua esclava y oradora, Sojournet Truth se comprometió también con la causa de los derechos de las mujeres. Si bien su vida y su lucha resultan complejas y admirables, es recordada especialmente por su discurso «¿Acaso yo no soy una mujer?», pronunciado en 1851:

Ese hombre afirma que hay que ayudar a las mujeres a subir a los carruajes, que hay que auparlas por encima de las zanjas y cederles el mejor sitio en todas partes. Pero a mí nadie me cede nunca el mejor sitio. ¿Acaso yo no soy una mujer?

LA VOZ DE LA TINTA

Yo no sabía leer, pero cuando mis ojos se posaban en las páginas de un periódico reconocía, gracias a las imágenes, de qué lado se posicionaba. Había una guerra entre los periódicos, una «batalla de opinión», decían aquellos que olvidaban que de su opinión dependía la vida de por lo menos cuatro millones de personas.

Paz y tranquilidad a cualquier precio

Había periódicos que mostraban a los esclavistas como «buenas personas» que cuidaban de sus «negros» y traían prosperidad al país. Había quienes no deseaban un conflicto entre el norte y el sur, quienes defendían la paz y la tranquilidad a cualquier precio, incluso a costa de ignorar los derechos humanos.

Algunos periodistas y políticos proponían conservar un poco más el sistema de esclavitud hasta que cambiasen las mentalidades, y después devolver a los negros libres a África o a las Antillas, como si con eso el problema se resolviese y adiós muy buenas; así, el país podría ser blanco y solamente blanco.

William Lloyd Garrison

Del otro lado estaban los periódicos de los abolicionistas, como *Voice of the Fugitive*, creado por Henry Bibb, un exesclavo, o *The Liberator*, de William Lloyd Garrison. Garrison era blanco y su periódico defendía la abolición. Para él, el país se había construido sobre una mentira. Porque después de la revolución americana (entre 1775 y 1783) surgieron grandes discursos sobre la libertad y la igualdad. Sin embargo, cuando se redactó la Constitución, en 1787, ni siquiera se mencionó la abolición. Es preciso señalar que diez de los doce presidentes, entre ellos Washington y Jefferson, tuvieron esclavos.

Para William Lloyd Garrison esto era inaceptable y, para demostrar que no estaba de acuerdo, quemó la Constitución estadounidense en público. Después de ese escándalo (¡se habló de ello en todos los periódicos!), Frederick Douglass, que había sido su amigo, consideró que Garrison había ido demasiado lejos y se enemistaron.

Sí, estábamos de acuerdo sobre el objetivo, pero no siempre sobre la manera de proceder. Por eso había muchos periódicos diferentes, incluso en el bando abolicionista.

American Colonization Society

Esta sociedad tenía como finalidad disminuir el número de personas negras en Estados Unidos mediante la puesta en marcha de una emigración a África. Fue la responsable de la creación de Liberia, en el continente africano. Abolicionistas como Still o Garrison se oponían con firmeza a esta idea.

EL LIBRO QUE REMOVIÓ LAS CONCIENCIAS

LA CABAÑA DEL TÍO TOM, DE HARRIET BEECHER STOWE

Cuando se publicó *La cabaña del tío Tom*, en 1852, no se hablaba de otra cosa. Se leyó en todas partes, en eventos sociales y en asambleas, lo cual suscitaba grandes discusiones; incluso se representó en el teatro. Yo asistí a una lectura del libro, y en aquel entonces pensé que la escritora, la señora Beecher Stowe, estaba lejos de la verdad, muy lejos de lo que realmente estaba ocurriendo en el sur, en especial en el sur profundo... En aquella época, incluso me molestó. Pero han pasado muchas cosas desde entonces, y ahora reconozco la importancia de ese libro.

PROHIBICIÓN Y CASTIGO

La cabaña del tío Tom desagradó a muchos lectores y enfureció a muchos otros. Su lectura se prohibió en todos los estados del sur, y quienes leyeron el libro fueron severamente castigados, como mi amigo Samuel Green, condenado a diez años de prisión por tener en su casa ese «panfleto abolicionista».

Hoy pienso que si el libro hubiera mostrado la esclavitud y el racismo con toda su verdad, con toda su crudeza —los cuerpos colgados, los huesos y los corazones rotos—, nadie habría querido leerlo. Y mucho menos por la noche, con toda la familia reunida. El tío Tom y los demás negros del libro eran muy valientes y muy buenos, y las personas que escuchaban su historia se conmovían todo el tiempo.

LA CABAÑA DEL TÍO TOM

H. Beecher Stowe

Más inteligente que su amo blanco

Mrs. Beecher Stowe cuestionó las viejas ideas preconcebidas de los sureños: que los negros eran idiotas, groseros y cobardes. A George, uno de los personajes de la historia, esclavo y negro, lo caracterizó como mucho más inteligente que su amo:

¡Mi amo! ¿Y quién lo ha nombrado mi amo? Eso es lo que yo me pregunto. ¡Soy tan hombre como él y hasta valgo más que él! Sé mucho más de cultivos de lo que él sabe y le podría dar lecciones sobre cómo dirigir su granja; hasta sé leer mejor que él y también escribo mejor. Todo lo que sé lo he aprendido por mi cuenta, ¡así que puedo decir que no le debo nada, ya que he aprendido todo eso muy a su pesar! Así que, ¿con qué derecho me convierte en un caballo de tiro, en una mula de carga?

Dos seres humanos como tú y como yo

En el libro, la joven esclava, la criada Eliza, estaba dispuesta a sacrificar su vida para salvar a su hijo. Ella y George solo soñaban con vivir juntos y fundar una familia, como todo el mundo... Quienes escuchaban su historia seguramente se olvidaban de que eran negros, solo oían hablar de dos enamorados que se amaban, de dos seres humanos, como tú y como yo. Sí, está claro que *Mrs*. Beecher Stowe consiguió su cometido.

Hipocresía y mentira

También puso de manifiesto la hipocresía y la mentira de los propietarios de plantaciones, incluso de aquellos que se consideraban buenos y que, sin embargo, vendían a sus esclavos sin ningún escrúpulo. La historia empezaba con un *Mr*. Shelby que había decidido vender a Tom, su sirviente más veterano, y a Henry, el único hijo de la criada Eliza, para saldar una deuda.

Así es, he decidido vender tanto a Tom como a Harry. Y no comprendo por qué me tienen que mirar como si fuera un monstruo por hacer algo que todos los días hace todo el mundo.

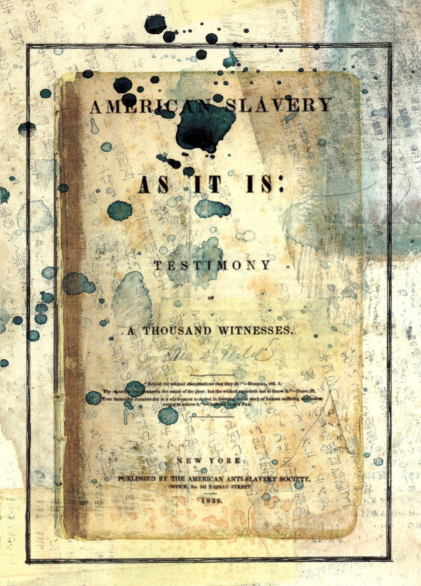

En esta obra, publicada en 1839, las hermanas Grimké y Theodore Dwight Weld recopilaron las historias violentas y los atropellos sufridos y relatados por los esclavos, así como los castigos despiadados de los esclavistas. Su libro tuvo una repercusión enorme.

Piedras en los zapatos

Se cuenta que *Mrs.* Beecher Stowe conoció al presidente Lincoln en 1862 y que este le dijo: «¿Así que es usted la damita que ha provocado esta gran guerra?». Esto me hace reír porque creo que es verdad; las damitas son como piedras en los zapatos de los hombres importantes: escuecen, incordian y te impiden avanzar como desearías.

Siento que ha llegado el momento en que cualquier mujer o incluso cualquier niño que desee hablar de libertad y de humanidad lo haga.

Fragmento de una carta de Harriet Beecher Stowe dirigida al editor del periódico abolicionista *The National Era*, 9 de marzo de 1851.

LA LEY Y LA JUSTICIA

Naces esclavo, creces esclavo y tu mundo se reduce a la tierra bajo tus pies y al látigo sobre tu cabeza. Luego están esos días en que observas la naturaleza y descubres como galopa, trepa, respira, baila; compruebas que el cielo es inmenso y todo es deslumbrante. De pronto, escuchas un alarido. Entonces ves los ojos enrojecidos de tu hermana, las cicatrices en tus propias carnes y recuerdas que solo eres la cosa de alguien, un pequeño escarabajo entre los dedos de un niño cruel.

Por eso nunca habría imaginado que los hombres de los grandes sombreros de Washington y de Nueva York se preocupasen de nuestra suerte.

Un cambio de leyes

Pero ¡sí, sucedió, y yo lo vi! En el interior de inmensas salas, esos hombres tan numerosos como el maíz en un campo pronunciaban largos discursos con voz profunda y el dedo índice levantado. Luchaban con las palabras, agitaban la Biblia, gritaban, silbaban, daban golpes con las manos y pataleaban. ¡Hasta llegué a ver como se propinaban puñetazos! No comprendía todo lo que decían porque hablaban de leyes, de enmiendas, de constitución, de impuestos..., pero allí conocí a hombres como William Seward, gobernador de Nueva York y más tarde senador, que se comprometieron a hacer cambiar las leyes, que acudieron a los tribunales para liberar esclavos y que protegieron a los abolicionistas.

William Seward también era mi amigo. Él y su esposa ocultaron a muchos fugitivos en su hogar y me ayudaron a comprar mi propia casa para que mis padres no terminaran en la calle.

Gran Bretaña y Francia

En el conjunto del Imperio británico, la esclavitud se abolió en 1833. Canadá formaba parte de ese Imperio, de manera que, a partir de ese momento, también estaba legalmente «libre» de ella. Sin embargo, en la provincia de Alto Canadá ya se habían aprobado leyes que primero redujeron y luego prohibieron la esclavitud, convirtiéndose así en un refugio para los esclavos huidos desde principios del siglo XIX.

En las colonias francesas, la esclavitud se abolió en 1794, pero Napoleón Bonaparte la restableció en 1802. El Gobierno francés abolió definitivamente la esclavitud en 1848, gracias, entre otros, a Victor Schœlcher, un periodista y político francés (1804-1893).

William Seward

65

Declaración de Independencia de los Estados Unidos de América

La Declaración de Independencia de los Estados Unidos de América es un texto redactado por Thomas Jefferson, datado el 4 de julio de 1776, que proclama la secesión de las trece colonias británicas de América del Norte respecto de Gran Bretaña. Este texto, que supone el nacimiento del país, afirma también los derechos de los ciudadanos estadounidenses inspirándose en la filosofía del Siglo de las Luces. El 4 de julio, Día de la Independencia, se convertiría en la fiesta nacional.

La Constitución

La Constitución es el conjunto de leyes y valores sobre los que se fundamenta un país. La Constitución de los Estados Unidos fue adoptada en 1787 y entró en vigor en 1789. Incluye un preámbulo o introducción y siete artículos. En el transcurso de los decenios y siglos siguientes se añadieron veintisiete enmiendas o correcciones.

¿Civilizados o bárbaros?

Ralph Waldo Emerson, poeta y filósofo, hizo la siguiente declaración en 1856, después de que el representante proesclavista Preston Brooks golpease violentamente con su bastón al abolicionista Charles Sumner:

No alcanzo a comprender cómo una comunidad bárbara y una comunidad civilizada pueden constituir un Estado unido. Me parece que o bien tendremos que deshacernos de la esclavitud, o bien tendremos que deshacernos de la libertad.

A Declaration by the Representatives of the UNITED STATES OF AMERICA in General Congress assembled.

When in the course of human events it becomes necessary for one people to dissolve the political bands which have connected them with another, and to assume among the powers of the earth the separate and equal station to which the laws of nature & of nature's god entitle them, a decent respect to the opinions of mankind requires that they should declare the causes which impel them to the separation.

We hold these truths to be self-evident; that all men are created equal; that they are endowed by their Creator with inherent & inalienable rights; that among these are life, liberty, & the pursuit of happiness; that to secure these rights governments are instituted among men, deriving their just powers from the consent of the governed; that whenever any form of government becomes destructive of these ends, it is the right of the people to alter or to abolish it, and to institute new government, laying it's foundation on such principles & organising it's powers in such form as to them shall seem most likely to effect their safety & happiness. prudence indeed will dictate that governments long established should not be changed for light & transient causes. and accordingly all experience hath shewn that mankind are more disposed to suffer while evils are sufferable, than to right themselves by abolishing the forms they are accustomed. but when a long train of abuses & usurpations, begun at a distinguished period & pursuing invariably the same object, evinces a design to reduce them under absolute despotism, it is their right, it is their duty, to throw off such government & to provide new guards for their future security. such has been the patient sufferance of these colonies; & such is now the necessity which constrains them to expunge their former systems of government. the history of the present king of Great Britain, is a history of unremitting injuries & usurpations, among which appears no solitary fact to contradict the uniform tenor of the rest; but all have in direct object the establishment of an absolute tyranny over these states. to prove this, let facts be submitted to a candid world, for the truth of which we pledge a faith yet unsullied by falsehood

He has refused his assent to laws the most wholesome & necessary for the public good:

he has forbidden his governors to pass laws of immediate & pressing importance, unless suspended in their operation till his assent should be obtained; & when so suspended he has neglected utterly to attend to them:

he has refused to pass other laws for the accomodation of large districts of people, unless those people would relinquish the right of representation in the legislature, a right inestimable to them & formidable to tyrants only:

67

Querido John:

Por fin tomo la pluma para responderte, aunque, debo confesarlo, no lo hago con el mismo placer de anteriores ocasiones.

Tu última carta me decepcionó. Tengo la impresión de que, en los últimos meses, tu comprensión de la palabra «igualdad» se ha marchitado sobremanera. La igualdad es uno de los fundamentos de nuestro país, ¿o no está escrito en la Declaración de Independencia: «Todos los hombres han sido creados iguales»?

Bien es cierto que entre las palabras y la realidad debemos franquear las turbias aguas de la interpretación y entender: «Todos los hombres blancos han sido creados iguales». Pues, a decir verdad, no se está hablando de las mujeres, ni de los indios, ni de todos aquellos arrancados de sus tierras en África.

La igualdad plena y completa entre los sexos y entre las razas ya debería haber sido aceptada por aquellos de nuestros pensadores que se declaran humanistas y después se muestran de acuerdo, en sus discursos y con sus votos, en que este principio se incorpore a la Constitución.

Pero mi decepción dio paso a la consternación cuando escribes: «Si la ley y la moral prohíben tener esclavos, ¿dónde encontrarán mano de obra las plantaciones sureñas? ¿Cómo van a pagar todos esos brazos? No preveo en esto más que nuestra ruina. Y si la ley y la moral dicen que los negros son iguales a los blancos, se producirá una ruina aún más catastrófica: la de nuestra civilización, la de nuestra raza».

Estas palabras escritas por tu pluma no me entristecen, me afligen, porque constato que has cambiado mucho desde que te fuiste a vivir a Luisiana, a la plantación de tu tío.

No deseo responder a tus preguntas, que me hieren profundamente; no intentaré convencerte de que tu corazón y tu razón se nublan con la finalidad de aceptar lo inaceptable, pues tal esfuerzo sería en vano. Me limitaré a lanzarte una invitación: que te cuestiones, con total sinceridad, con todo tu entendimiento, qué es ser humano y sobre qué humanidad podremos construir ese mundo ideal con el que tan a menudo nos atrevimos a soñar en nuestra juventud, por desgracia, ya tan lejana.

Tu amiga, Abigail
Boston, abril de 1822

LA LEY INFAME

El 18 de septiembre de 1850, la tierra se abrió bajo nuestros pies. El Congreso acababa de aprobar la ley sobre esclavos fugitivos. Se estableció que, si eras un esclavo fugitivo refugiado en el norte, tu antiguo amo tenía derecho a recuperarte. Tú, el antiguo esclavo, no tenías ningún derecho. Incluso si habías nacido libre podían atraparte y llevarte a la fuerza al otro lado del río. No podías decir ni probar nada. No tenías ningún derecho. No eras más que un negro.

LA IRA DE LOS ABOLICIONISTAS

En el norte, mis amigos abolicionistas estaban furiosos. Se trataba de una ley perversa que también castigaba con penas de prisión a todos los que intentasen ayudar a los fugitivos. Incluso los *marshals** que quisieran hacerlo no podrían auxiliarnos más.

Los cazarrecompensas empezaron a viajar al norte como buitres sobre un animal caído. Y los jueces recibían generosas sumas de dinero para mandar de vuelta al sur a los esclavos, incluso a los negros libres.

Era una ley impuesta por el sur. Otro de esos compromisos entre estados. Pero en el norte se enorgullecían de ser independientes. Hasta muchos de los que no eran abolicionistas encontraban intolerable que los obligasen a denunciar a los esclavos que habían buscado asilo. El país era como un barril de pólvora.

* Oficiales de policía.

Una prueba nueva y terrible

Para nosotros, los negros, tanto para los antiguos fugitivos como para los nacidos libres, esto suponía una nueva prueba; una prueba terrible. Las familias que se habían reunido se volvieron a romper. Las rutas de nuestro Ferrocarril Clandestino se tenían que prolongar mil kilómetros más. En adelante tendría que llegar a Canadá para poner a salvo a mi pueblo. Hacía más de cincuenta años que sabíamos que allí podíamos vivir libres. Inglaterra había abolido la esclavitud en todo su reino —del que se decía que era el más grande del mundo—, mientras en Estados Unidos, el país de la libertad, los políticos pronunciaban bonitos discursos que pedían calma para preservar la unidad del país. Querían esperar un cambio de mentalidades para cambiar las leyes. Durante aquel tiempo, cientos de miles de esclavos fueron trasladados a los nuevos territorios, a las abrasadoras tierras de Kansas y Texas. Muchos murieron en el camino.

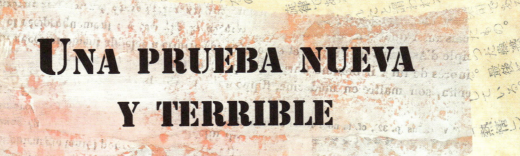

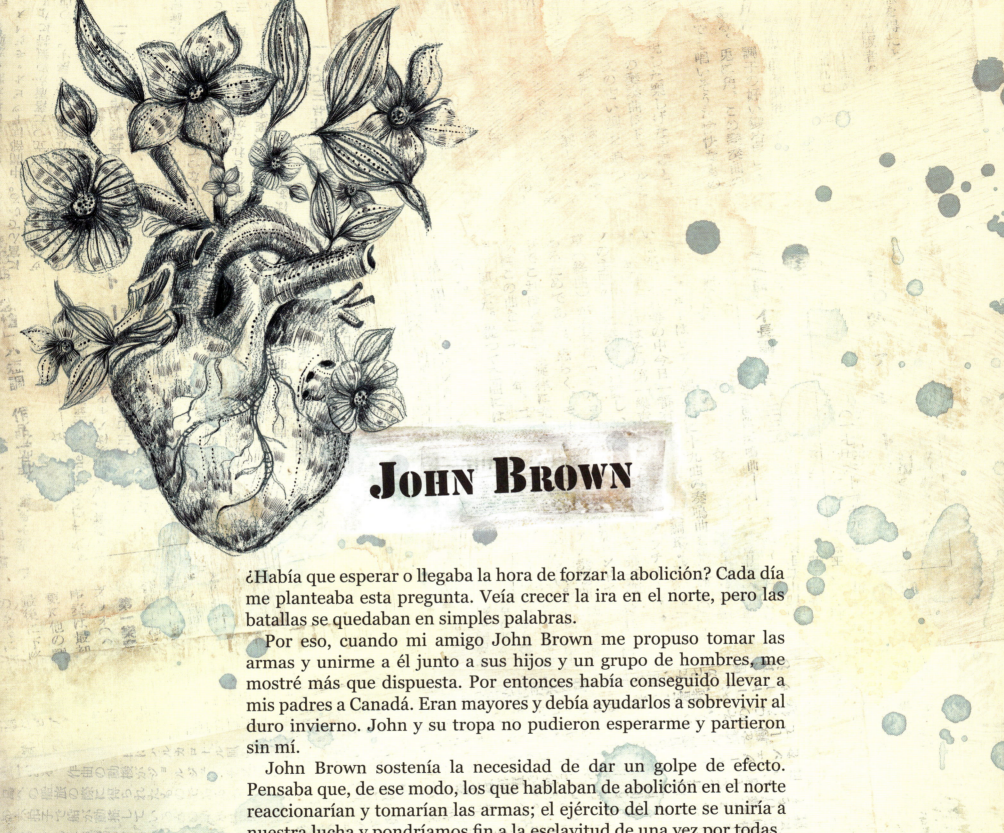

John Brown

¿Había que esperar o llegaba la hora de forzar la abolición? Cada día me planteaba esta pregunta. Veía crecer la ira en el norte, pero las batallas se quedaban en simples palabras.

Por eso, cuando mi amigo John Brown me propuso tomar las armas y unirme a él junto a sus hijos y un grupo de hombres, me mostré más que dispuesta. Por entonces había conseguido llevar a mis padres a Canadá. Eran mayores y debía ayudarlos a sobrevivir al duro invierno. John y su tropa no pudieron esperarme y partieron sin mí.

John Brown sostenía la necesidad de dar un golpe de efecto. Pensaba que, de ese modo, los que hablaban de abolición en el norte reaccionarían y tomarían las armas; el ejército del norte se uniría a nuestra lucha y pondríamos fin a la esclavitud de una vez por todas.

John y su tropa asaltaron un arsenal en Harpers Ferry, en Virginia. La operación fue un desastre. Sus dos hijos perdieron la vida y él fue juzgado y ahorcado por traición.

¿¡John Brown, un traidor!? Él, que siempre había sido tan fiel a nuestra causa. A pesar de todo, su acción agitó el norte, y el sur se inquietó de verdad. John había encendido la mecha que desencadenaría la guerra.

John Brown

Henry David Thoreau

Escritor y filósofo contrario a la esclavitud, Thoreau escribió su «Apología del capitán John Brown», un discurso pronunciado y publicado en 1859:

La nave de los esclavos está en marcha, cargada con sus víctimas agonizantes; a lo largo del camino se suman nuevos cargamentos; una pequeña tripulación de esclavistas respaldada por un gran número de pasajeros está asfixiando a cuatro millones de seres humanos en la bodega y, mientras tanto, los políticos aseguran que la manera correcta de liberarlos es «la pacífica difusión de sentimientos humanitarios», sin el más mínimo «desorden». Como si los sentimientos de humanidad pudieran existir disgregados de los hechos [...].

¿Mártir o terrorista? ¿Humanista o fanático? Testigo con 12 años de la brutalidad cotidiana sufrida por un esclavo y, más tarde, mortificado por el asesinato de un amigo periodista y abolicionista, a Brown le exasperaba la inacción de los estados del norte. Para él, los compromisos, las buenas maneras y la prudencia eran excusas para no actuar. Brown tenía una misión: erradicar la esclavitud.

Song of The Free

I'm on my way to Canada
That cold and dreary land
The sad effects of slavery
I can't no longer stand
[...]

I've served my master all my days
Without a dime's reward
And now I'm forced to run away
To flee the lash abroad
[...]

Farewell, ole master, don't think hard of me
I'll travel on to Canada, where all the slaves are free
[...]

El increíble rescate de un esclavo fugitivo en Troy

Testimonio de un representante electo de la ciudad de Troy, 28 de abril de 1859.

Charles Nalle, esclavo fugitivo instalado en Pensilvania, fue localizado por su antiguo amo. La nueva ley sobre los esclavos fugitivos le otorgaba a este el derecho a «recuperar su propiedad». Sin embargo, como describe este representante electo de la ciudad de Troy, la población se lo impidió.

Ayer por la mañana, a las once horas, cuando Charles Nalle salía a comprar el pan, fue detenido por el marshal Holmes y trasladado a comisaría. El procedimiento se completó con rapidez y el comisario ordenó la devolución de Nalle a Virginia.

Hacia las dos de la tarde había corrido el rumor de que un esclavo fugitivo se encontraba en el despacho del comisario. Decenas de personas acudieron al lugar y se concentraron en la entrada. William Henry, un hombre de color amigo de Nalle, se dirigió a la multitud con voz fuerte y profunda: «Hay un esclavo fugitivo en esta oficina. Se lo llevarán al sur en el primer tren». Muchísimas mujeres rompieron a llorar y se pusieron a gritar, y el gentío se exaltaba cada vez más. Mientras tanto, comenzaron a desatarse discusiones acaloradas: unos eran partidarios de rescatar al fugitivo; otros, de respetar la ley y el orden.

Tan pronto como los oficiales y su prisionero aparecieron en la puerta, un negro anciano gritó: «Ahí están», y los que se encontraban cerca del prisionero lo agarraron. La muchedumbre se abalanzó sobre el grupo, convirtiendo la calle en un campo de batalla.

Al parecer, luego se dio la orden de llevar al prisionero en dirección contraria, y el gentío se dirigió a los muelles. El tumulto no cesaba y muchos oficiales resultaron heridos. Los representantes de la ley, agotados por el combate, tuvieron que ceder. Nalle fue arrastrado por la masa hacia los muelles, donde había una embarcación preparada para partir. Subieron al fugitivo y el barquero empezó a remar entre los gritos de ánimo de los cientos de personas congregadas en la orilla.

Cuando la embarcación llegó al otro lado, Nalle se bajó del bote. Fue entonces cuando se encontró cara a cara con el sheriff, quien, al ver a un hombre esposado, consideró que su deber era arrestarlo. Lo hizo y lo trasladó al juzgado.

En el momento en que la multitud que estaba en el muelle de Troy se percató de que Nalle había sido detenido de nuevo, se produjo otra estampida, esta vez en dirección al ferry, que transportó a cuatrocientas personas. Al desembarcar en la otra orilla, localizaron el juzgado y al prisionero, que permanecía encerrado en una de las estancias bajo la vigilancia de tres oficiales.

Una veintena de hombres resueltos subieron las escaleras mientras el resto del grupo gritaba e insultaba a los oficiales.

De pronto se arrojó una piedra contra la puerta, y luego llegó otra y... ¡pan, pan! Se escucharon dos disparos, aunque los agentes que habían disparado tuvieron la precaución de apuntar al aire. Siguieron más piedras y disparos.

Finalmente, un negro inmenso arrancó la puerta, pero se desplomó enseguida al recibir el impacto de un hacha lanzada por el sheriff. El cuerpo del gigante, tendido en el hueco de la puerta, impedía que esta se volviera a cerrar, y un amigo del prisionero consiguió liberarlo.

Nalle bien podría haber dicho: «Salvadme de mis amigos», pues a causa de los que tiraban de él y de quienes lo arrastraban, las esposas de metal le habían producido cortes en los brazos y sangraba profusamente, además de que apenas podía andar debido al agotamiento.

Tras esto llegó a Canadá.

Scenes in the Life of Harriet Tubman.

LA GUERRA
(12 DE ABRIL 1861 – 9 DE ABRIL 1865)

En 1860, el candidato de un partido abolicionista, el Partido Republicano, fue elegido para ocupar la presidencia del país: Abraham Lincoln. En respuesta, siete estados sureños decidieron separarse de la «Unión». Se agruparon bajo el nombre de «Confederados», y no tardaron en atacar una de las instalaciones militares de la Unión. Para Lincoln, aquello constituía un ataque contra el país, así que movilizó un ejército de voluntarios en los estados del norte. El sur se sintió agredido y otros cuatro estados abandonaron la Unión para unirse a los Confederados. Los Estados Unidos ya no estaban en absoluto unidos y para Lincoln esto era inaceptable. Por ello, en abril de 1861, la Unión declaró la guerra a los estados rebeldes.

LIBERAR A TODO MI PUEBLO

Nuestra red, como es natural, no podía funcionar en medio de la guerra. Yo ni siquiera había tenido tiempo de sentarme cuando recibí la llamada del gobernador Andrew, de Massachusetts. Necesitaban a todas las personas que conocieran bien las carreteras del sur y los pasos que atravesaban bosques y ciénagas. Debía proporcionarle al ejército de la Unión la mayor cantidad de información posible sobre los territorios rebeldes, todo lo que ocurría y se decía en las plantaciones.

Siempre era mejor tener la piel negra para colarse en los barrios de los esclavos. Tanto en el norte como en el sur, un blanco es un blanco, y los míos tenían miedo. Me reunía con los esclavos por la noche. Cantábamos, rezábamos, compartíamos y después, tras ganarme su confianza, me contaban todo lo que habían visto: los movimientos de la caballería por los caminos, los cañones arrastrados por caballos, las idas y venidas de los soldados y también todo lo que habían oído en casa de sus amos.

Para los negros —esclavos y libres— las noticias de la guerra eran como un viento cargado con una mezcla de miedo y esperanza que azotaba las plantaciones.

Thomas Garrett pensaba que solo una guerra pondría fin a la esclavitud. La abolición completa: ese era mi deseo más ferviente. En esos momentos, cuando cruzaba la línea hacia el sur para recabar información, no iba para ayudar a huir a un puñado de esclavos, sino para liberar a todo mi pueblo.

La proclamación de emancipación

El sur se mantuvo unido y sus generales ganaban batalla tras batalla. El norte perdía demasiados hombres. Entonces Lincoln tomó una decisión que le otorgó a la Unión toda su fuerza: el 1 de enero de 1863, el presidente firmó la proclamación de emancipación. Con esta proclamación, Lincoln declaraba que todo esclavo que se encontrase en el territorio de la Confederación ¡era libre! Si bien esto no cambiaba gran cosa la vida de los esclavos del sur, el presidente por fin dejaba claro que la Unión deseaba poner punto final a la esclavitud y que este era el motivo por que el que luchábamos.

La Unión dotó así a la guerra de una razón moral. Ante este anuncio, miles de negros y exesclavos se unieron al ejército del norte. ¡Por su libertad y por la de todo su pueblo, lucharon como leones!

ROBERT SMALLS, EL EXESCLAVO CONVERTIDO EN CAPITÁN

La increíble huida de Robert Smalls comenzó en 1862, cuando trabajaba de timonel a bordo del barco de vapor confederado Planter, en Charleston, Carolina del Sur. Una mañana, la tripulación blanca del Planter decidió desembarcar. Esta salida no estaba autorizada, pero ninguno de los blancos sospechaba que los negros de la tripulación tuviesen agallas para hacer lo que hicieron. Tan pronto como vieron que el camino estaba despejado, Robert Smalls y sus compañeros pasaron a la acción. Embarcaron a sus familias y zarparon con Smalls al timón, vestido con el abrigo y la gorra del capitán.

Smalls conocía el barco como la palma de su mano y sabía dónde se encontraba cada una de las minas que infestaban el puerto. También sabía qué señales exactas había que dar al Fuerte Sumter para obtener permiso para cruzar. Se alejaron muy despacio del puerto, con el estómago encogido, milla tras milla, hasta encontrarse a una distancia considerable del fuego de los Confederados. En ese instante, Smalls navegó a toda máquina y se dirigió a la línea de los barcos de la Unión, izando la bandera blanca y dejando bien claro que se rendía. La tripulación abordó el primer buque con el que se toparon.

«¡Buenos días, mi comandante! —gritó Smalls al desconcertado capitán—. ¡Le traigo fusiles de nuestros antiguos estados, mi comandante!».

Smalls y sus compinches fugitivos fueron aclamados como héroes en el norte. Su audacia demostraba a los comandantes del ejército de la Unión que los negros podían ser excelentes soldados. Más tarde, Smalls ayudó a reclutar a alrededor de cinco mil hombres negros para la campaña bélica. Él mismo sirvió como piloto de barco y, posteriormente, cuando el Planter, el buque de la huida, se incorporó a las filas de la marina de los Estados Unidos, se convirtió en su capitán.

LA BATALLA DEL RÍO COMBAHEE

A comienzos de junio de 1863, me encontré con el coronel Montgomery, que estaba al mando de centenares de hombres en Carolina del Sur. Teníamos una misión: había que remontar el río Combahee con algunos cañoneros para destruir el armamento, las vías férreas, los puentes y hasta las plantaciones, con el fin de cortar el suministro a las tropas rebeldes. Era la estrategia para ganar aquella guerra: destruirlo todo en el sur para debilitarlos. Los barcos avanzaban por el río, bordeando las plantaciones. Los esclavos jamás habían visto barcos como los nuestros, caparazones de metal que silbaban y escupían vapor. Se asustaban y corrían a esconderse en el bosque. Pero el mensaje se difundió sin tardanza: no éramos monstruos del infierno, sino los cañoneros de Lincoln que venían a liberarlos.

SALÍAN DE TODAS PARTES

Por más que en las plantaciones los capataces gritasen y chasqueasen sus látigos, los esclavos se precipitaban hasta el río y corrían hacia los barcos. Salían de todas partes: de los caminos, de los campos, de las cabañas.

Las mujeres llevaban a sus hijos colgados del cuello; los que podían correr trotaban detrás de ellas, aferrados a sus vestidos. Nunca se había visto nada semejante; reíamos, reíamos y no parábamos de reír. Había una mujer que corría hacia nosotros con una cazuela de arroz humeante sobre la cabeza. Llevaba un niño asido al cuello y otro colgado de la frente. Ambos metían las manos en la olla y se atiborraban de arroz. Y ella seguía corriendo con otros tres niños enredados entre sus faldas y un saco con un cerdo.

La gente se llevaba lo que podía: sacos al hombro, cestas en la cabeza, gallinas, los chiquillos..., ¡y todo era gritos y berridos!

UN ENORME ÉXITO

Había quizás ochocientas personas amontonadas de cualquier manera en las orillas del río, con las manos tendidas hacia los cañoneros. Enviamos las canoas y las ocuparon en tropel. Una vez llenas, quienes no habían conseguido subir a bordo se aferraron a ellas con tal fuerza que las embarcaciones no podían alejarse de la orilla. Los miembros de la tripulación los golpeaban en las manos, pero no se soltaban, aterrados por la idea de que los barcos los dejaran atrás. Todos acabaron subiendo a bordo y los pusimos a salvo al otro lado del río, en territorio libre.

Los amos huyeron. Las grandes mansiones, los graneros y los puentes fueron incendiados, las vías del tren arrancadas y el armamento confederado destruido. ¡Nuestra expedición había sido un enorme éxito!

Fe en mi destino

En el transcurso de mis viajes entre el sur y el norte nunca resulté herida. No me tocaron las balas de los cazarrecompensas, ni los proyectiles enemigos durante la guerra. No caí enferma mientras cuidaba de todos esos pobres muchachos que ardían de fiebre y se retorcían de dolor entre cólicos. Siempre sana como una manzana y con plena fe en mi destino. Pero a la vuelta de mi último combate resulté herida; el responsable fue el revisor de un tren que se negó a aceptar mi billete a mitad de precio, al cual tenía derecho por mi condición de soldado: «No existe la tarifa a mitad de precio para los negros». Me agarró del brazo para hacerme bajar del tren y, como yo me resistía con todas mis fuerzas, otros tres hombres acudieron en su ayuda para arrojarme al vagón de equipajes. Fue entonces cuando me lastimé: un brazo roto y un dolor terrible hasta que llegué a Nueva York.

Si bien algún tiempo después celebrábamos la victoria, yo sabía que la ignorancia y el odio siempre encontrarían la manera de organizar un ejército.

Scenes in the Life of Harriet Tubman.

Harriet espía...

Esta mujer, que no sabía lo que era el miedo, fue enviada repetidas veces a territorios rebeldes como espía. De allí regresaba con valiosas informaciones sobre las posiciones de los ejércitos y de la artillería enemiga. Entró en combate cuando los disparos arreciaban como el granizo y los hombres caían muertos a su alrededor como las hojas en otoño. Pero la idea del miedo nunca encontró un lugar en su mente. Debía cumplir con su deber y tenía la intención de llegar hasta el final.

... y curandera

Nada más empezar la guerra, el gobernador Andrew de Massachusetts, que sabía del arrojo y la astucia de Harriet, solicitó su presencia y la reclutó para nuestro ejército como espía y exploradora, y, en caso necesario, como enfermera. De este modo cuidó de nuestros soldados en los hospitales en el momento en que una gran cantidad moría de fiebres y disentería, pues conocía remedios a base de plantas y raíces que crecían cerca de las mismas aguas que habían provocado la infección.

Testimonio de Thomas Garrett, en *Scenes in the Life of Harriet Tubman*.

85

ABOLICIÓN

Sí, hizo falta una guerra. Seiscientos, setecientos mil hombres muertos. ¡Y Lincoln asesinado! Pero en abril de 1865, la Unión logró la victoria. Venció el norte, que había prometido la abolición en todos los estados del país.

La decimotercera enmienda

Meses más tarde, el 6 de diciembre de 1865, los grandes sombreros se reunieron una vez más en Washington. Escribieron unas palabras en un papel y lo firmaron: la decimotercera enmienda. Unas cuantas palabras y cuatro millones de mujeres y de hombres eran libres. Ningún niño nacería ya esclavo en todo el territorio de los Estados Unidos; ni en el norte ni en el sur.

Escribieron sus nombres al pie de la hoja y nuestras cadenas cayeron.

¿Se trataba de un simple papel?

¿No es increíble? Quizá pienses que lo increíble es que yo volase en sueños al otro lado de la línea... Pero, para mí, lo increíble es que solo baste con escribir unas cuantas palabras para decidir el destino de millones de personas..., sobre todo teniendo en cuenta que yo nunca aprendí a escribir, ni siquiera mi propio nombre. Todos nos preguntábamos: ¿se trataba de un simple papel, como todos los que se habían firmado con los pueblos indios?

Black Codes

Estas leyes, adoptadas poco después de la guerra de Secesión por los estados sureños, en 1865 y 1866, se inspiraban en antiguas leyes sobre los esclavos y limitaban los derechos de los negros.

La decimocuarta enmienda de la Constitución

Esta enmienda fue adoptada en julio de 1868. Reforzaba la precedente al garantizar la ciudadanía a cualquier persona nacida en Estados Unidos, en particular a los antiguos esclavos, así como el derecho a la protección igualitaria de las leyes.

Las leyes Jim Crow

Estas leyes, derivadas de los *Black Codes* y promulgadas por los estados sureños desde finales del siglo XIX hasta comienzos del XX, instauraron la segregación racial en las escuelas y en la mayoría de los servicios públicos, incluidos los trenes y autobuses.

Civil Rights Act

Es una ley de 1875 que prohibió la segregación en lugares públicos, así como cualquier forma de discriminación por motivos de raza, color de piel, religión, sexo u origen. Derogaba las leyes Jim Crow.

EL LEGADO

QUERIDA HARRIET:

Te escribo esta carta en este año 2020 en el que se celebra, más o menos, el bicentenario de tu nacimiento, ya que nadie parece saber cuándo naciste de verdad. En todo caso, no importa, porque tú eres eterna. Lo que hiciste permanecerá por siempre.

Lo que todos vosotros hicisteis, los hombres y mujeres de la gran red del Ferrocarril Clandestino, permanecerá grabado en la memoria de la humanidad como uno de los actos más poderosos de fraternidad, solidaridad y coraje. Como ejemplo de lo que fue posible y de lo que puede —y debe— serlo todavía.

Sí, hubo una guerra, y aunque gracias a ella se aprobaron las leyes, no sirvió para cambiar las mentalidades. Por supuesto, la decimotercera enmienda fue ratificada. Supuso una victoria para la Unión y sobre todo para los abolicionistas. En aquellos tiempos incluso algunos exesclavos resultaron electos en los estados del sur... Pero, como sabemos, poco a poco los antiguos partidos recuperaron el poder, los votos fueron anulados y los derechos adquiridos por los hermanos y hermanas negros terminaron siendo barridos por los Black Codes, esos refritos de las viejas normas esclavistas. Las hermosas palabras que habían resonado en Washington no conmovieron a un sur cargado de resentimiento.

No es posible deshacerse de siglos de prejuicios racistas de la noche a la mañana. Por más que Washington aprobase una decimocuarta enmienda y nuevas leyes para garantizar los derechos civiles, no cambió nada. Los negros ya no eran esclavos, pero seguían siendo tratados como tales; la segregación se había convertido en la nueva norma del desprecio y la humillación.

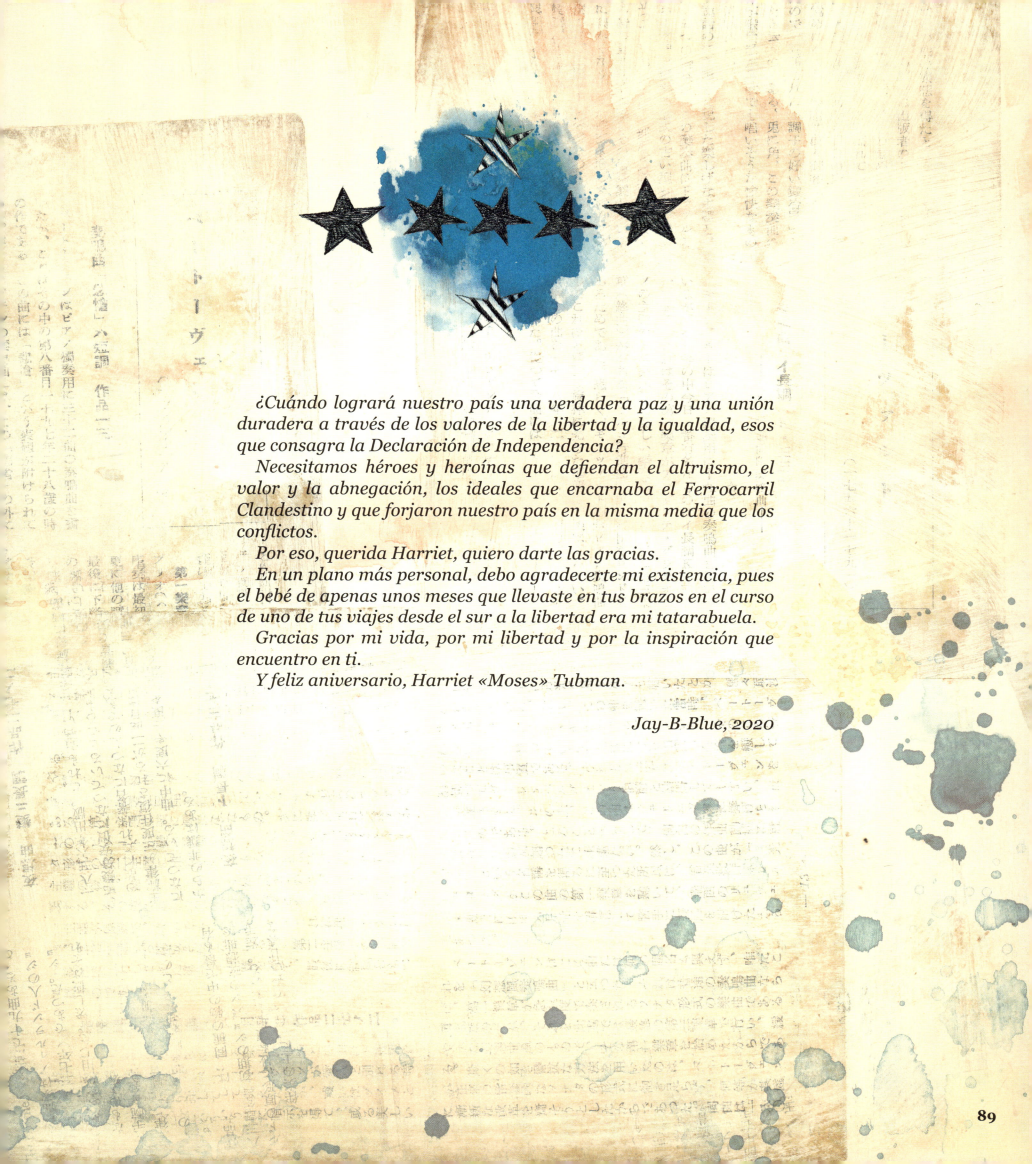

¿Cuándo logrará nuestro país una verdadera paz y una unión duradera a través de los valores de la libertad y la igualdad, esos que consagra la Declaración de Independencia?

Necesitamos héroes y heroínas que defiendan el altruismo, el valor y la abnegación, los ideales que encarnaba el Ferrocarril Clandestino y que forjaron nuestro país en la misma media que los conflictos.

Por eso, querida Harriet, quiero darte las gracias.

En un plano más personal, debo agradecerte mi existencia, pues el bebé de apenas unos meses que llevaste en tus brazos en el curso de uno de tus viajes desde el sur a la libertad era mi tatarabuela.

Gracias por mi vida, por mi libertad y por la inspiración que encuentro en ti.

Y feliz aniversario, Harriet «Moses» Tubman.

Jay-B-Blue, 2020

Go Down, Moses

Esta canción advertía a los esclavos de la plantación de la llegada de un conductor. Harriet Tubman fue apodada «Moses», Moisés en inglés, y todavía hoy se la conoce como la Moisés del pueblo negro.

Go down, Moses
Way down in Egypt land
Tell all pharaoes
To let my people go!

When Israel was in Egypt land
Let my people go!
Oppressed so hard they could not stand
Let my people go!

So the God said: go down, Moses
Way down in Egypt land
Tell all pharaoes
To let my people go!

So Moses went to Egypt land
Let my people go!
He made all pharaoes understand
Let my people go!
Yes the Lord said: go down, Moses
Way down in Egypt land
Tell all pharaoes
To let my people go!

Thus spoke the Lord, bold Moses said:
Let my people go!
If not I'll smite, your firstborn's dead
Let my people go!

God the Lord said: go down, Moses
Way down in Egypt land
Tell all pharaoes
To let my people go!

Way down in Egypt land
Tell all pharaoes
To let my people go!

BIBLIOGRAFÍA

• *Harriet, the Moses of Her People*
Sarah Hopkins Bradford, Geo R. Lockwood & Son, 1886

• *Scenes in the Life of Harriet Tubman*
Sarah Hopkins Bradford, W. J. Moses, printer, 1869

A Sarah Hopkins Bradford, autora de libros infantiles y gran admiradora de Harriet Tubman, le impactó el hecho de que, a pesar de haber dedicado toda su vida a combatir la esclavitud y de sus cuatro años de servicio en el ejército, el Gobierno de Estados Unidos la hubiera abandonado y no recibiera ninguna pensión. Con el fin de ayudarla, escribió dos obras que compilan los recuerdos de la heroína, además de numerosos testimonios de sus amigos y sus superiores militares durante la guerra. Los libros se convirtieron en un éxito. El dinero recaudado con las ventas fue entregado a Harriet.

En 1899, treinta y cuatro años después del final de la guerra, el Congreso aprobó una pensión de veinte dólares mensuales para Harriet por sus servicios como combatiente y enfermera. Jamás fue recompensada por su trabajo como exploradora y espía.

• «Apología del capitán John Brown», en *Desobediencia civil y otros escritos*
Henry David Thoreau, Ed. Alianza, 2005

• *The Longman History of the United States of America*
Hugh Brogan, Pearson Education, 1999

OBRAS SOBRE ESCLAVITUD Y LA CUESTIÓN RACIAL EN EE. UU.

• *Una historia de la conciencia*
Angela Davis, Ed. del Oriente y del Mediterráneo, 2016

• *Yo sé por qué canta el pájaro enjaulado*
Maya Angelou, Libros del Asteroide, 2016

• *Vida de un esclavo americano escrita por él mismo*
Frederick Douglass, Ed. Capitán Swing, 2010

• *Esclavitud y libertad en los Estados Unidos: de la colonia a la independencia*
Edmund Morgan, Ed. Siglo XXI, 2009

ÍNDICE DE CONTENIDOS

LA ESCLAVITUD EN ESTADOS UNIDOS 7

HARRIET Y SU ENTORNO

YO, HARRIET 8
Maryland • Las plantaciones • Ella se llamaba *Harriet* • *Miss* Susan • Mister Cook • Mi carta hacia la libertad • Una cicatriz en mi frente • Del otro lado

EL NORTE Y SUR 16
Al norte • Al sur • Mapa • «El orden natural de las cosas» • Algo bueno o un mal necesario • ¿Un norte moderno y más ético? • Los abolicionistas

LA CONSTRUCCIÓN DE LA RED

LA RUTA SECRETA 22
Me marché sola • La muerte y la libertad • *Mrs.* Whitehall • El día que crucé la línea

UN CANTO PODEROSO 26
Aquel hombre era Moisés • Parto hacia la tierra prometida • Mensajes en clave

EL FERROCARRIL CLANDESTINO 30
La lucha por el fin de la esclavitud • William Still • Una vía a la libertad • Una conductora más • Aprendizaje • Vuelvo al sur • El día que me convertí en abolicionista

CAMINANDO COMO SOMBRAS 36
Un nudo en el estómago • Una pistola grande • Un himno entre los árboles

LIBERTAD

¡LIBERTAD! 40
¡La increíble fuga de Henry «Box» Brown! • Ellen y William Craft, un engaño prodigioso • Mis manos eran mías

LA RED 42
Thomas Garrett • Los negros que nos ayudaban • Hermanos y hermanas en la humanidad • El carro de los ladrilleros • El diario de Margaret • El camino pasa entre los wigwams

EN LA SOMBRA Y A LA LUZ DEL DÍA 48
Frederick Douglass • Las puertas se abrieron • *Querida Harriet...* • Las hermanas Grimké • Sojourner Truth

JUSTICIA

LA VOZ DE LA TINTA 54
Paz y tranquilidad a cualquier precio • William Lloyd Garrison • American Colonization Society

EL LIBRO QUE REMOVIÓ LAS CONCIENCIAS 56
La cabaña del tío Tom, de Harriet Beecher Stowe • Prohibición y castigo • Más inteligente que su amo blanco • Dos seres humanos como tú y como yo • Hipocresía y mentira • Piedras en los zapatos

LA LEY Y LA JUSTICIA 64
Un cambio de leyes • Gran Bretaña y Francia • Declaración de Independencia de los Estados Unidos de América • La Constitución • ¿Civilizados o bárbaros? • Querido John

LA LEY INFAME 70
La ira de los abolicionistas • Una prueba nueva y terrible • John Brown • Henry David Thoreau • *Song of The Free* • El increíble rescate de un esclavo fugitivo en Troy

HACIA LA ABOLICIÓN

LA GUERRA (12 DE ABRIL 1861 - 9 DE ABRIL 1865) ... 78
Liberar a todo mi pueblo • La proclamación de emancipación • Robert Smalls, el exesclavo convertido en capitán

LA BATALLA DEL RÍO COMBAHEE 82
Salían de todas partes • Un enorme éxito • Fe en mi destino • Harriet espía... y curandera

ABOLICIÓN 86
La decimotercera enmienda • ¿Se trataba de un simple papel? • *Black Codes* • La decimocuarta enmienda de la Constitución • Las leyes Jim Crow • *Civil Rights Act*

EL LEGADO 88
Querida Harriet • *Go Down, Moses*

BIBLIOGRAFÍA 92

A todas aquellas y aquellos que han conseguido superar sus miedos y sus diferencias

Jennifer Dalrymple

A mi madre, Lydia Taïeb, a quien admiro infinitamente por todas las batallas que sabe librar. A Norah, Samuel y Mila

Justine Brax

Con el propósito de que la voz de Harriet Tubman vuelva a ser escuchada, la escritora Jennifer Dalrymple ha revisado gran cantidad de libros y documentos estadounidenses y franceses; la mayor parte, de la época en que sucedieron los hechos. A ellos pertenecen los fragmentos, citas y testimonios recopilados, que presenta como contrapunto del relato principal. Aunque este ha sido reconstruido y reescrito, cuenta la historia real de Harriet Tubman al tiempo que le rinde homenaje. Un tributo extensivo a todas las personas que colaboraron en el Ferrocarril Clandestino.

Dirección artística: Benjamin Lacombe

Concepción y realización gráfica: Benjamin Lacombe

Maquetación original: Frédérique Deviller

Traducido por Isabel Soto

Título original: *Freedom!*

© Albin Michel Jeunesse, 2021

© De esta edición: Grupo Editorial Luis Vives, 2021

Acuerdo realizado a través de la Agencia Literaria Isabelle Torrubia

ISBN 978-84-140-3518-4 · Depósito legal: Z 1178-2021

Impreso en Italia por L.E.G.O

Todos los derechos reservados. Cualquier forma de reproducción, distribución, comunicación pública o transformación de esta obra solo puede ser realizada con la autorización de sus titulares, salvo excepción prevista por la ley. Diríjase a CEDRO (Centro Español de Derechos Reprográficos) si necesita fotocopiar o escanear algún fragmento de esta obra (www.conlicencia.com; 91 702 19 70 / 93 272 04 47)